桐谷さんの株主優待のススメ

桐谷広人
Kiritani Hiroto

優待です」
カレー
クオカード
飲料
缶詰
ぬいぐるみ
FOR COFFEE DRINKERS
RICH DARK BLEND
MACCHIATO
ENGLISH CURRY
味付海苔

玩具
紙もの
下着
『全部、株主

お財布は食事券や買い物券でぎっしり

株取引は2台のパソコンで

さまざまな桐谷さんグッズ

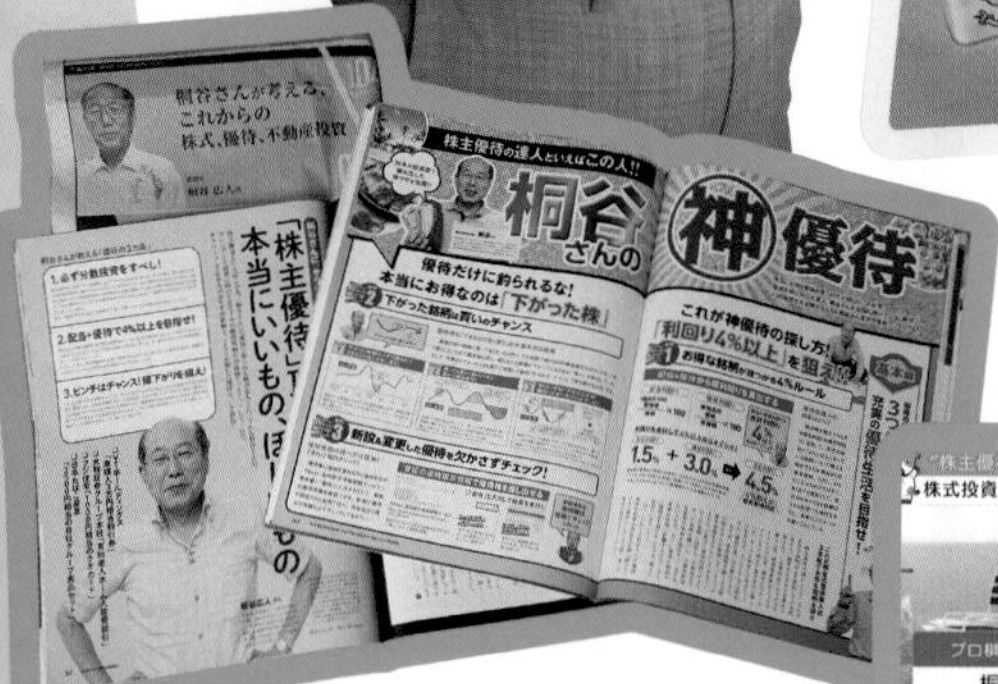

雑誌や新聞の
桐谷さん特集ページ

講演は大人気!

(上)日本証券業協会のサイト「投資の時間」から桐谷さんの話が聴けます

(左)JRD 株式会社　桐谷さんに学ぶ今日から始める投資生活

写真提供　日本証券業協会・JRD 株式会社

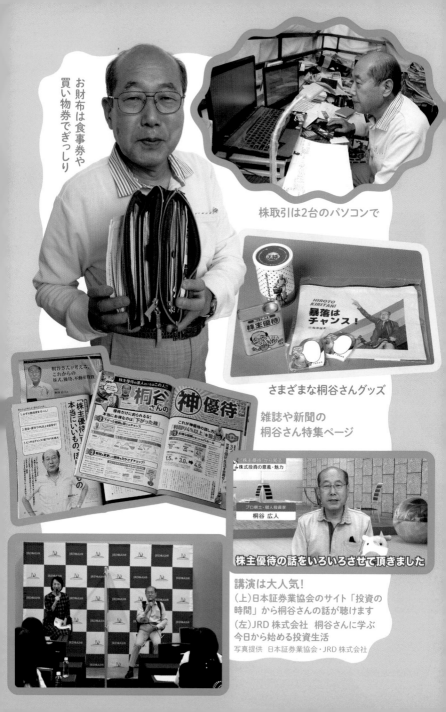

はじめに

年金を頼りにしなくても豊かな生活を送れる方法

日本は世界に冠たる長寿国です。厚生労働省の「簡易生命表」（２０１９年）では、男性81・41歳、女性87・45歳と、平均寿命が過去最高を更新しました。仮に60歳でリタイアしたならば、その後20年以上もの長い年月が残されていることになります。それどころか、研究者の多くが、２０４５年には、日本人の平均寿命は１００歳を超えると推測しているのです。

もちろん、長生きできるのは嬉《うれ》しいことです。

しかし、その資金はどうすればいいのでしょう。

総務省の「家計調査年報」によれば、夫婦が老後に必要とするお金は、平均で月に約28万円。25年間で計算すれば８４００万円に上ります。ましてや、１００歳までとなったら、軽く億を超えてしまうではありませんか。

このうち、年金だけではまかないきれない金額として、政府から具体的に2000万円という数字が出てきました。この「老後2000万円問題」は多くの人を困惑・混乱させせましたが、私は2000万円でも到底、足りないと思っています。

そもそも、2000万円問題があろうとなかろうと、あてにならない年金だけでその資金をまかなうのは、非常に難しいことは言うまでもありません。私たちはもっと積極的に老後資金の確保に動く必要があります。

そこで本書では、私自身が実践している「原資を目減りさせずに豊かな生活を送る法」をお伝えしていきます。その方法とは、ずばり「いい優待がついた株に分散投資する」というものです。リタイア世代にとって、これ以上の方法はないと私は確信しています。

現金はほとんど使わず、安価で優待品をかしこくゲット

ところが、「株」と聞いただけで多くの日本人が難色を示します。

「素人が手を出したら大やけどするのでは」

「株はギャンブルですよね」

「なにもかも失ってしまったらどうしよう」

なんだか、とても恐ろしい世界だと思い込んでいるようです。

たしかに、やりようによっては、株はリスキーです。過去に、山一證券や日本航空など「これ以上、堅い会社はない」と思えるような企業が倒産しました。株によって大損した人たちがいるのも事実です。

でも、それは値上がり益（キャピタルゲイン）を狙った株式投資での話。値上がりを期待して買った株が、思惑とは逆に値下がりしてしまったから悲劇は起こるのです。

一方、「株主優待」に着目した私の手法は危険度ほぼゼロ。なぜなら、そもそも優待に力を入れている企業の株は、比較的、価格が安定しているからです。

詳しい内容は本文に譲りますが、値動きの少ない堅実な株を、安い価格で済む最小単位で買い、株主優待だけはしっかりゲットするというのが私の手法です。

私の場合、優待だけで生活に必要な衣食はまかなってしまい、現金はほとんど支出しません。だから原資は目減りしないどころか増え続けています。

なお、銘柄によっては配当（企業が得た利益の一部を株主へ還元するもの）も手にできます。配当と優待を合わせた「総合利回り4％以上」を目安にするというのが、私の鉄則です。

ただ、コロナの影響で、今はあまり配当が期待できない状況が続いています。一方で、やはりコロナの影響で、株価は低迷傾向にあり、今が買い時だとも言えます。

いずれにしても、優待目的の株は優待が受け取れていることが大事であり、あまり、世の中の状況やそれに伴う株価の変動に振り回されずに済むところがいいのです。

ただし「分散」は大事です。いくらいい株でも一極集中はリスクが高まりますから、いろいろな銘柄を少しずつ持つことをすすめます。

また、最近の傾向として「長期保有優遇」が増えています。

実は、空売《からう》りと現物買い（難しければ理解できなくて大丈夫です）の両方を行い、株価下落のリスクなしに優待品だけをもらおうという人がいるのです。企業はそれを阻止したいし、そもそも自社株を長く持っていてもらいたい。だから、1年は持っていないと優待が出ないなど、長期に保有しているほど優待内容が良くなっていくというケースも多くなっています。

優待株が私の人生を救ってくれた

私がこの手法に行き着いたのは、過去に痛い経験をしているからです。

私は、プロの将棋棋士として活動していた頃から、徐々に株式投資を始めました。私には、もともと勝負師の血が流れているのでしょう。「ほどほどのところでやめる」ということができませんでした。

やがて、資産のすべてを株に費《つい》やすようになりました。しかも、当時はもっぱら値上がり益を狙っていたのです。

そんななか、2006年、堀江貴文《ほりえたかふみ》氏や村上世彰《むらかみよしあき》氏の逮捕によってマザーズの保有株が紙切れ同然になりました（平均で10分の1に値下がり）。続く2007年のサブプライム問題、2008年のリーマン・ショックで東証1部の保有株も暴落しました。

リスキーな信用取引を行っていた私は、株価の値下がりによって、毎日200万円、300万円といったお金を支払わねばなりません。夜も寝られず、食事も喉を通らず、糖尿病が悪化して、医者が「生きているのが不思議だ」と驚く状態にまで追い詰められました。

あまり損失の出ていない株はすべて売り、信用取引の損失の支払いにあてました。その結果、株価が下がり、売っても大してお金にならない株ばかりが手元に残りました。ただ、その株のなかに優待のつくものが結構ありました。現金がまったくない私は、優待で送られてきた米やレトルト食品を食べ、優待券で買った服を着てなんとか生き延びることができたのです。

このときの経験から、私は優待株（株主優待に力を入れている企業の株）の素晴らしさに目覚め、今ではもっぱら優待株専門に投資しています。

その結果、値上がり益を狙っていた頃とはまったく別の、懐《ふところ》も心も豊かで安定した株主生活を送ることができています。

私の方法は、少ない資金しかない人や、リスキーな株式投資は嫌だと感じている人にこそぴったりです。リタイアした世代はもちろんのこと、若い人たちにも、本書の手法で私と同様の幸せを手にしていただけたらと願っています。

桐谷広人

※本書は、２０１８年に小社より出版した『定年後も安心！　桐谷さんの株主優待生活』を改題し、２０２０年10月２日時点での情報をもとに全面的に加筆・修正しています。株価や優待内容などは状況によって変わるため、ご購入の際は必ず企業のホームページなどでご確認ください。また本書の内容は、値上がりを保証するものではありません。投資・運用については、各自の責任のうえ行っていただきますよう、あわせてお願い申し上げます。

もくじ

第7章 これなら失敗しない！ 桐谷流株主優待12の格言 197

装丁 盛川和洋
撮影 近藤陽介
編集協力 中村富美枝
図版制作 J-ART
本文デザイン協力 藤塚尚子(e to kumi)

第1章

少額でも大きな存在感！株主優待の魅力

1 株主優待は少額で始めれば始めるほどおトク

優待目的の株式投資は、**小さな額で始めるほど有利です。**

ここが、定期収入が減ったリタイア世代や投資とは無縁だった一般の人たちにとって、非常に魅力的な要素になります。

どういうことか説明しましょう。

株式市場では、株価自体は1株の値で表示され、売買は100株ごとに行われます。この100株を**「1単元《たんげん》」**と言います。

かつては、この基準がまちまちで、1000株というのも多かったのですが、それによる誤発注が起きたこともあって、2018年10月に「1単元100株」に統一されました。

なお、1単元の株をばらして1株ずつ保有する特殊な方法もありますが、基本的に

図1 株主優待は優待がもらえる最小単位を持つのがおトク

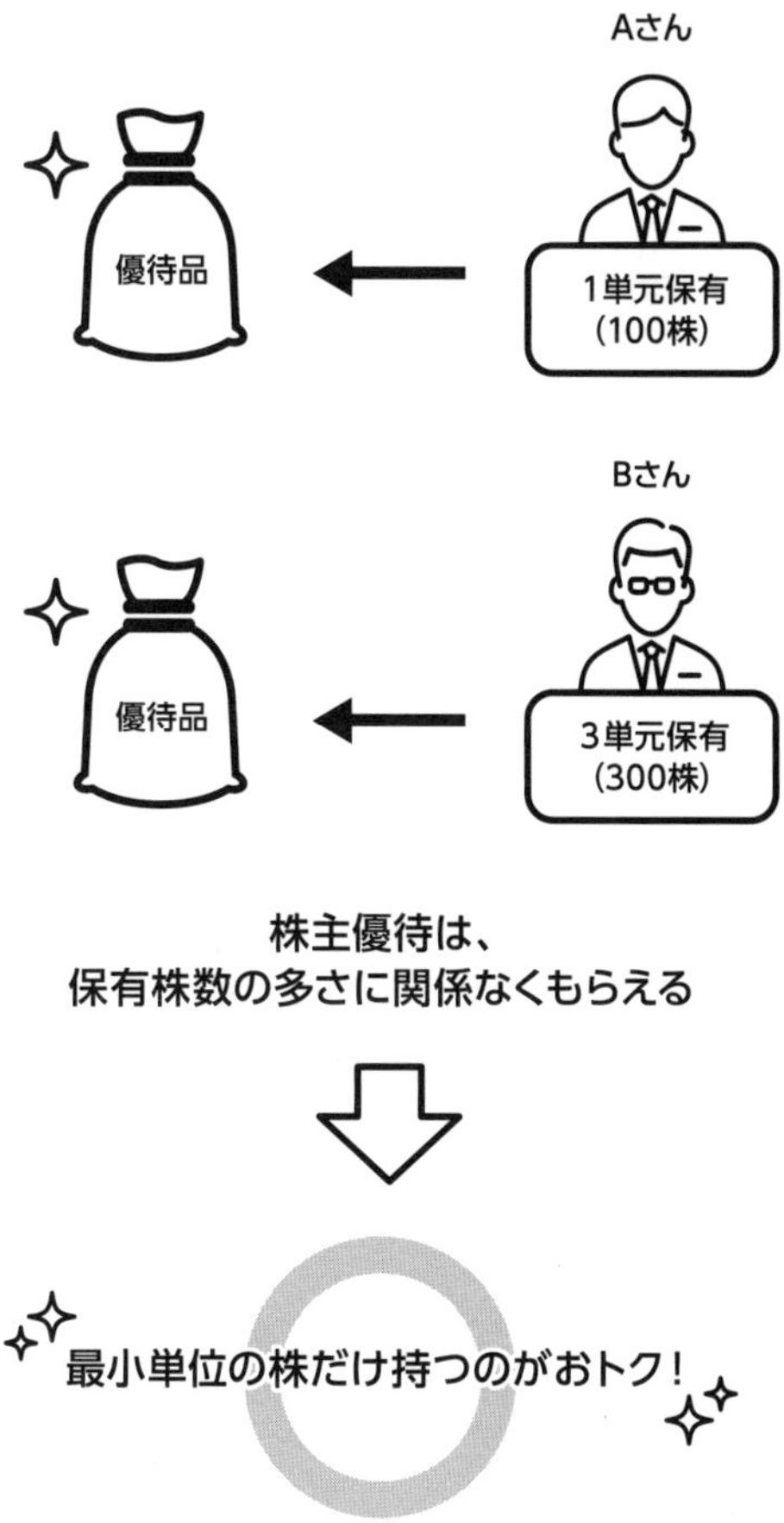
Aさん
優待品
1単元保有
(100株)
Bさん
優待品
3単元保有
(300株)
株主優待は、
保有株数の多さに関係なくもらえる
最小単位の株だけ持つのがおトク！

株の売買は、1単元（100株）という単位で行うということを、まずは覚えておいてください。

値上がり益（キャピタルゲイン）を狙っての株式投資の場合、1単元よりは2単元、3単元と多く持っていたほうが、売却したときの儲けは大きくなります。その代わり、損したときは大変です。

たとえば、1単元10万円の株が17万円に値上がりしたとき、5単元持っている状態で売れば、35万円の儲けになります。一方で、6万円に値下がりしたとき売ってしまうと、1単元保有なら4万円の損で済むのを、5単元での損失は20万円です。

こうして、値上がり益狙いの投資家は危ない橋を渡るのです。

では、株主優待を目的とした投資はどうでしょうか。

実は、企業が出している株主優待の多くが、保有株数の影響を受けません。たいてい1単元保有から優待を受けられ、その内容は、2単元、3単元と増えても変わらないことが多いのです（例外については別途、説明します）。

たとえば、あるアパレル系企業の場合、1単元保有すると年に2回、2000円分の買い物券が送られてきます。これは、2単元でも3単元でも変わりません。だから、**最小単位の1単元しか持たないほうがおトク**なのです。

2 株主優待では、リスク分散するほどおトク

「リスク分散」という言葉を聞いたことのある人も多いのではないでしょうか。

投資するときに、1つのものに集中させずに分散すれば、万が一なにか値下がりするものがあっても、ほかでカバーできるのでリスクを最小限に抑えることができます。

仮に、投資用に20万円の資金を用意できたとしましょう。

値上がり益狙いの人なら、危ない橋を渡って20万円全額を1つの銘柄に投入するかもしれません。あるいは、4万円ずつ5つの銘柄に分けたとしても、それはリスク分散以外の意味は持ちません。

ところが、**優待株の場合、分けることはリスク分散のみならず、トクすることに直結します。** Aという企業に20万投じて5単元株持っていても、Aの優待を1つしか受けられませんが、A・B・C・D・Eに分散して、それぞれ1単元ずつ持っていた

ら、A・B・C・D・Eから1つずつ優待を受け取ることができるからです。

面白いでしょう?

こうして、アパレル系、食品系、美容系、健康系など、いろいろな分野の優待株を少しずつ買っていけば、その優待だけで生活のかなりの部分はまかなえてしまいます。

実際私も、洋服などの買い物、食事(外食含む)、レジャー、スポーツジムなどは、優待を利用しています。

3 優待品には税金がかからない

投資をするときの大切な指標が**「利回り」**です。

これは投資した金額に対し、どのくらい収益があるかを、1年あたりの平均値にした数字を指します。利回りを考えない投資は、まず成り立ちません。

とくにこの利回りは、優待株への投資を行う場合、非常に高くなります。

先ほど同様、20万円の資金が用意できた事例で考えてみましょう。

まず、貯金はどうでしょうか。

バブル期には定期預金の金利は8％くらいありましたから、20万円預けておけば1年後には21万6０００円になりました。

しかし、２０２０年現在の三大メガバンクの金利は０・００２％レベル。20万円預けて1年経っても、増えるのはたったの4円。これでは、何も買えません。

図2 利回りの計算方法

配当利回り ── A

配当金 ÷ 株取得にかかった金額

優待利回り ── B

優待の価値 ÷ 株取得にかかった金額

優待株の利回り

配当利回り A ＋優待利回り B ＝ 4%以上を目安に

↓

長期保有優遇のある安定株を保有すれば、
さらに利回りアップでおトク！

一方でバブル期のピークは、株の配当が1％以下と低かったことから、投資家たちはなおさら値上がり益（キャピタルゲイン）狙いの株式投資に走ったわけです。

しかし、「はじめに」でお伝えしたように、値上がり益狙いの投資は非常にリスキーです。値上がりすると思って買った株が下がってしまったら、大変なことになります。

今は、配当が平均2％弱まで上がってきており（コロナの影響で一時的に減少するかもしれませんが）、安定株を長期保有すれば、貯金しているよりもずっと利回りは良くなります。値上がり益狙いの投資のような危険性はありません。加えて、優待も手にできるとなれば、さらに利回りはアップします。

配当利回りは**「配当金÷株取得にかかった金額」**で計算します。

優待利回りは**「優待の価値÷株取得にかかった金額」**で表します。

そして、この**両方を足したものが、これからあなたが保有しようとしている優待株の利回り**になります。

配当は出なくても、優待が優れているために利回りが良い銘柄もあります。

ここで注目すべきは、配当金には約20％（正確には20・315％）の税金がかかるのに、**優待品には税金がかからない**という点です。

たとえば、QUOカードを優待品として出している企業は多いですが、これに税金はかかりません。1000円のQUOカードはそのまま1000円の価値を持ちます。しかし、1000円の配当金からは20％引かれ、800円しか受け取れません。

このように、優待株はあらゆる面において得。定期預金にしておくよりもずっといいということがわかるでしょう。

4 株主優待のある銘柄は、暴落の心配が少ない

株をやっているのは、私たちのような個人投資家のほかに、「機関投資家」といって、個人投資家から集めた資金をもとに運用をしている会社員の投資家がいます。そういう人たちは、証券会社や投資顧問会社、保険会社などに勤めています。

ただ、一般に機関投資家は、百単位、千単位と大量に株を売買するので、たった100株だけ買うような個人投資家と同じ優待品をもらっても嬉しくありません。

彼らは、「そんなことをしている資金があるなら我々株主に対する配当を増やせ」「もっと企業価値を高くして株価を上げる努力をしろ」と、企業にかみつきます。

しかし、株主優待制度を設ける企業は年々増加しています。これは、金融庁が株の持ち合い（複数の企業が互いに相手の株式を保有すること）の解消を促していることと関係があります。持ち合い株の受け皿として、個人投資家に株を買ってもらおうと、

優待を新設したり拡充する企業が増えているのです。

資金力のある機関投資家は、もっぱら値上がり益（キャピタルゲイン）狙いです。だから、安いときに買い、値上がりしたらさっさと売り抜けます。

しかも、彼らは大量に売り買いするので株価に大きな影響を与えます。ジェットコースターのように動く株価は企業にとってマイナスですが、彼らにとって、そんなことはどうでもいいのです。

一方、優待目的の株主は、長く株を保有する傾向にあります。少なくとも、優待を受け取るまでは手放すわけにいきません。結果的に、**優待を出している企業の株価は安定し、暴落の危険から遠ざかります。不祥事が起きたときも暴落しにくい。**だからこそ、私のようなリタイア組でも手を出しやすいのです。年をとって始めた株が暴落してしまっては、リカバリーがききません。

ずっと大事に自社株を保有してくれる株主を企業はありがたく思い、ますます優待を厚くする。魅力ある優待を出している企業を、ますます個人投資家は応援したくなる。そういうプラスのサイクルが出来上がっているのが、優待株の世界なのです。

5 投資信託は意外に手数料がかかる

私が値上がり益狙いの株式投資をすすめないのは、先ほども少しふれたように、ギャンブル性が非常に高いからです。

たしかに、安く買った株がどかんと値上がりしたところで売れば儲かります。しかし、素人にはそんなチャンスは滅多に訪れません。ギャンブルは、胴元以外は損するのが決まりなのです。

FXはもちろんのこと、比較的「堅い」と言われている投資信託も安心できません。退職金などまとまったお金が入ると、それを察知した銀行から「大切な資産の運用についてお力になれれば……」といった電話が入ります。親切なようですが、これは残念ながら、自分のところで扱っている投資信託などの金融商品を販売したいだけ。

投資信託は、投資家（つまり、あなたです）から集めたお金を、運用の専門家に託して複数の株や債券に投資してもらう形をとります。リスク分散するのに適していますし、素人がやるより成功率も高いですが、「絶対」ではありません。それに手数料が結構かかります（一般的に、購入金額の1～3％とされています）。さらに、毎年、信託報酬も取られます。にもかかわらず、優待はまったく受けられません。

対して、株の売買なら1日100万円まで手数料無料というケースもありますし、保有中には一銭もかかりません。そして、優待株なら毎年、配当金や優待が受け取れます。銘柄の買い時さえ間違わなければ、投資信託を買うよりずっと利回りは良いのです。

銀行にすすめられるままに、あれこれ投資信託を買い換えていて、結局は全然得ができていない人はたくさんいます。なんと、2018年に運用された日本の投資信託（日本株ファンド700社あまり）のうち、プラスになったのは1社だけでした（年初に比べ年末には平均株価が十数％下がったことが原因です）。

こんなものを買うお金があったなら、自分でじっくり考えて優待株に分散投資することをおすすめします。くり返しますが、優待株は値下がりしても配当金と優待品が受け取れるのが投資信託とは違うところです。

6 仮想通貨は税金が大変！ ダメ、絶対

今流行の仮想通貨（暗号資産）は、ギャンブルの最たるものです。

しかも、仮想通貨は儲けたところで税金が大変。仮想通貨の儲けは「雑所得」扱いですから、**大きく儲けると、半分以上が税金でとられます。**税務署は、仮想通貨で儲けた人間を捕捉すべく目を光らせています。

知り合いの、ある20代後半の男性は、仮想通貨で3000万円稼ぎ、いい気になってフェラーリを買いました。ところが、翌年に1500万円を超える税金の請求が来て仰天。稼いだ3000万円はすべて自分のお金だと思っていたわけです。

税金は「払えません」では済みません。払わないでいれば、驚くほどの追徴金《ついちょうきん》が課されます。結局、買ったときよりも安い値でフェラーリを売って税金を払うことになり、たいしたお金は手元に残りませんでした。

図3 仮想通貨と株のちがい

	仮想通貨	株
税金	最大45% （他の収入により変動）	20.315% （NISA利用の場合は 年間120万円、 最長5年間非課税）
損益の 繰り越し	できない	できる （3年間）
配当の 有無	なし	あり （企業の業績による）
取引所の 市場介入	なし	あり
レバレッジの 倍率	1～25倍	1～3倍 （信用取引の場合）
取引時間	24時間	平日9～15時※

※証券会社によっては夜間取引あり（注文方法などに制限あり）

また、株は3年間の繰り越しが認められているために、リーマン・ショックで大損したとき、私はなんとか少しでも損失分を取り戻すことができました。しかし、**仮想通貨は損失の繰り越しができません**（図3）。

損失の繰り越しとは、「その年のマイナスを、向こう3年の利益と相殺《そうさい》できる」ということです。仮に今年損失が出たとしても、翌年利益が出れば、その損失分を差し引いて帳消しにすることができるわけです。仮想通貨はこれができません。

もっとも、仮想通貨が恐いのは「これからどうなるかわからない」という点に尽きます。すでに中国では仮想通貨に国の規制が入りました。今後、日本やほかの資本主義国がどういう対応をとるか極めて不透明です。

最初に仕掛けて大儲けした人はいいとして、一般人が参入するにはリスクが高すぎます。

儲けたら儲けたで税金が大変。大損しても繰り越しができない。しかも視界不良。**破綻したくなかったら、こんな仮想通貨になど手を出さないこと**です。

とくにリタイア組のみなさんは、働いていたときのように、出世して給料が上がる見込みがないのですから、より一層、地に足をつけた投資をおすすめします。

7 優待生活では、現金をほとんど使わない

私の家に来た人は、企業から送られてきた優待品が、足の踏み場もないほどあちこちに積まれているのを見てびっくりします。

彼らに私の財布を見せると、さらにびっくりします。優待でもらった食事券や買い物券がぎっしり詰まっているからです（冒頭の4ページ参照）。

それでも、財布に入れてあるのはごく一部。普段は別のケースに入れて整理してあるものを、使用期限が迫ってきたら財布に移して使っています。

冒頭の写真のように、私の財布は優待券でぱんぱんになっているけれど、現金はあまり入っていません。というのも、**日々の生活において現金はほとんど必要としないから**です。

かといって家に閉じこもって隠居生活を決め込んでいるわけではありません。同年

代の男性たちよりも、ずっと活動的な日々を送っているつもりです。

私は年齢に似合わず、服も鞄も靴もたくさん持っているし、たびたび外食もします。映画もしょっちゅう観るし、スポーツクラブにも行きます。ただ、それらをほぼ優待でまかなっているために、現金支出の機会が極端に少ないのです。

私が現金を使うのは、もっぱら小銭ばかり。

たとえば、500円分の食事券を使って550円のランチを食べたときに、差額の50円を支払うといったレベルです。

衣類は下着からコートまで全部、優待で手に入れたものですし、シャンプーやタオルなどの生活用品もすべて優待品です。

優待には、カタログから好きな品を選べるタイプのものも多く、そこでは上等なすきやき肉や海鮮もゲットできます。

だから、私が買うのは野菜や豆腐などの生鮮食品くらい。しかも、スーパーでも優待でもらったおこめ券を使うため（詳しくは138ページ参照）、支払いは端数の小銭だけです。この端数をいかに少なく抑えるかを考えながら買い物をするのが私の趣味になっており、2〜3円なら満足度、達成感ともに上々です。

とはいえ、これは私が優待株をたくさん持っているからで、読者のみなさんはそこまで徹底できないでしょう。だから、年金から必要に応じて支出すればいいのです。でも、プラスして優待があれば支出が減り、安心感が生まれます。なにしろ、優待には本当にいろいろな品物があり、贅沢《ぜいたく》を言わなければ、かなりの部分をそれだけでまかなうことができます。

もちろん、贅沢を味わうこともできます。年金生活でも、優待によって外食や旅行ができれば、うんと充実した楽しい日々が送れるでしょう。

そのあたりについて、次の第2章で紹介します。

第2章

株主優待を持つと、人生バラ色

1 優待は知らない世界へ連れ出してくれるパスポート

「はじめに」でもお伝えしたとおり、私は優待だけで生活に必要な衣食はまかなっています。いわば、３６５日株主優待生活をしているわけです。

「優待に合わせて生活していると、振り回されませんか？」と、よく聞かれます。

たしかに私の場合、あまりにも受け取る優待券が多すぎて、「期限までに使わなくちゃ」と焦るといういささか本末転倒にも思えるような事態に陥ることがあります。

でも、それは嫌なことではありません。私にとっては、実に楽しい作業なのです。

「○○の優待は今月末で切れるから、金曜日に行っておこう。池袋に行くんだから、ちょうどいい。駅前のドトールで優待券を使ってコーヒーでも飲んでこよう」

こうして外出の計画を立てていると、ボケているひまなどありません。

それに私は、**優待株をやるようになって世界が何倍にも広がりました。**

優待のなかには、カタログから好きな品を選べるものもあります。そこには、これまでまったく買わなかった分野の品もあり、眺めているだけで興味がそそられます。豪華エステも、優待によってはじめて経験しました。私はたいていいつも一人ですが、夫婦であれば2人一緒に仲良く同室で施術してもらえます。

新しい町にも行くようになりました。松竹《しょうちく》という映画配給会社の優待をもらえたので検索すると、MOVIXという映画館が埼玉の川口市にあることがわかりました。

しかし、私は川口には行ったことがありません。どうせならより多く元をとりたいので調べてみると、洋服や靴の買えるアルペンという企業のアウトレット店があるし、コロワイドという会社の優待が使える銀豚《ぎんぶた》という美味しいとんかつ屋もあります。

それ以来私は、たびたび自転車で川口を訪ね、あれもこれもと楽しんでいます。

定年退職すると、とくに男性は一気に世界が狭まります。それまで仕事関係の人とばかり付き合っていたのが、なくなってしまうからです。新しい世界に飛び込み、新しい知人を得たいと思っていても、実際には行動に移せない人が多いのです。

そんな人にこそ、優待株投資はおすすめです。優待券が使える場所に行ってみて、そこで新しい経験をすればいいのですから。

2 優待があれば、夫婦でランチも楽しめる

リタイアしても、家に閉じこもっていては体が鈍《なま》ってしまいます。せっかく自由な時間ができたのですから、どんどん外出することをおすすめします。

とくにおすすめなのが、優待券を使って夫婦で外食すること。なかでも、ランチなら気軽に出かけられます。

夫が定年退職すると、奥さんの負担は増えます。朝昼晩と毎日、家で食事をとるのが当たり前だと思っている夫に対し、イライラを募らせている奥さんは多いようです。

そんな奥さんをランチに連れ出せば、美味しいものも食べられるし、お互いに気分も晴れて夫婦仲も良く過ごせるでしょう（私からすれば、奥さんがいるだけうらやましいものです）。

飲食店関係の企業では、優待にはたいてい自社独自の食事券を用いています。

私も、知人との飲み会、一人でのランチなどいろいろ使い分けています（新型コロナウイルスの影響で値段に変化があったり休業する店もあるようです）。

ほかにも、第3章の70ページにあるような飲食店関連企業の株を保有することで、食事券をゲットすることができます。

これらはもちろん、夕食や飲み会に使ってもかまいません。

ただ、たとえば500円券4枚の計2000円分だと、夫婦2人で飲めば足が出てしまう可能性大。その点、ランチなら余裕でしょう。

あるいは、使用期限が切れないように気をつけながら数回分ためておき、まとめて使うのもいいでしょう（半年ごとに届くが使用期限は1年ちょっとある優待券も多いので）。

ちなみに私は、ジェイグループホールディングスという企業の株を2単元保有しており、4000円分の食事券が年に2回送られてきます。

それが届くと、私は鰻《うなぎ》を食べに、秋葉原にあるヨドバシカメラのビルに向かいます。

このビルのレストラン街に、ジェイグループの券が使えるような匠《しょう》というお店が入っているからです。

こうして私は、年に2回、贅沢《ぜいたく》に鰻を味わっています。

以前は、うな匠の「鰻重・特上」が税込みでちょうど4000円だったのですが、最近は4200円に値上げされており、先日、私は200円だけ足して特上を食べました。最初は優待券とジェフグルメカード（76ページ参照）を出したのですが、「ジェフグルメカードは使えません」と言われて、現金を出したのです。使えればお釣り300円がもらえたんですが。

実は、「鰻重・上」だと3300円で、これに肝串2本700円を足せばちょうど4000円となるのですが、いかんせん、肝心の鰻の大きさに不満が残る。鰻たっぷりの特上が食べたくて、久しぶりに私は200円の現金を使ったのです。

3 優待で「見た目に頓着しない初老夫婦」と決別

年金生活になれば、いろいろ節約できるところを見つけていく必要があります。

衣食住のなかで、現役時代よりも簡単に節約できるのが衣類です。住むところや食べるものにはお金をかけざるを得ないけれど、「見た目」は割り切ってしまえばどうにでもなります。

勤め人であるうちは、スーツやビジネスシューズ、ワイシャツ、ネクタイは必須だったでしょう。でも、リタイアすれば1日中、ジャージで過ごすことも可能です。髪を伸ばしっぱなしにしても誰も注意しません。

夫がそういう状態であれば、自ずと奥さんも「どうでもいい」と考えるようになります。こうして、「見た目に頓着しない初老の夫婦」が誕生します。

でも、それでいいのでしょうか。

私自身そうですが、年齢を重ねれば体もたるみ、若い頃のような瑞々《みずみず》しさはなくなります。だからこそ、衣服や整髪に気を遣い、少しでもきれいでいる努力をすべきではないでしょうか。

詳しくは第3章で紹介しますが、優待株銘柄には、アパレルや理美容、化粧品を扱っている企業も多くあります。それらを上手に使えば、服や靴を新調し、髪も定期的に整えることができます。リタイア後、むしろ素敵な夫婦でいることも可能なのです。

1990年代、日本中にユニクロ旋風が巻き起こりました。

シンプルで安価なユニクロの衣料は、あっという間に老若男女に受け入れられ、同じようなTシャツやフリースを着た人があちこちに見受けられるようになりました。

たしかにユニクロの製品は、安くて品質も悪くありません。Tシャツが1枚1000円であるなら、「2～3枚、買ってしまおうかな」という気分にもなるでしょう。

でも、ユニクロの製品は、あくまで適正価格で売られています。つまり、私たちは1000円払って1000円のTシャツを着ているにすぎません。「安いからトクをしている」ことにはなりません。(ユニクロはファーストリテイリング。コード9983。

２０２０年10月6日現在、株価６６７００円。配当利回り０・７２％。優待なし）

一方、優待で得た品はそうではありません。場合によっては、**かなりの高級品も優待でゲットできます。**自腹を切ってユニクロで買い物するよりも、ずっといいと私は考えています。

先ほどもお伝えしたように、サラリーマンでいるうちはちゃんとスーツを着ていた人たちが、リタイアするとジャージや甚兵衛しか着なくなる一方で、私は、普段着もポロシャツやジャケットなどカラフルなものをたくさん持っていて、その日の気分や予定に合わせて着替えています。きちんとした場に出るときのためのスーツやワイシャツ、ネクタイ、カフスも数パターン揃えています。

すべて優待で手に入れたものばかりですが、ユニクロで全身を固めた人よりもずっとリッチでおしゃれに見えると自負しています。

衣料品に限ったことではなく、**優待を上手く利用すると、これまでの自分よりもワンランク上の生活を楽しむことも可能になる**のです。

ジャージ姿で一生を終えるか、おしゃれをして素敵に一生を終えるか。

選ぶのはあなた自身です。

4 優待で「健康維持」もできる

リタイア後は、現役時代にもまして健康が重要になってきます。貴重な老後資金を医療に費やすのはばからしいし、そもそも健康でなくては日々の生活を楽しめません。

そこで、行きたいのがスポーツクラブです。でも、会員になるにはそれなりのお金が必要です。「平日だけ」「午前中だけ」というように、施設の使用制限が設けられた会員になっても、月に6000～8000円くらいかかります。

それに、実際に施設を使用してみないと、どこのスポーツクラブが使い勝手がいいか、自分のニーズに合うのか、ということがわからないのも心配です。

スポーツクラブでは、シャワーやお風呂も済ませられるし、ちょっとしたラウンジのようなコーナーもあって新聞なども読めます。**会費を支払っても、毎日のように通えば、確実に元が取れる施設**と言えます。

逆に、せっかく会員になっても、自分の生活スタイルに向いていなければ三日坊主に終わり、お金をドブに捨てるようなものです。

そこで、優待でいろいろ体験してみましょう。

第3章の98ページで紹介している銘柄では、自社が経営しているスポーツクラブを利用できるチケットをもらえます。

ちなみに、私は、東急不動産ホールディングスの優待券で使って気に入った新宿歌舞伎町にある、東急スポーツオアシスの会員になっています。ここは、子どもが会員になれない大人だけの施設で、会員の年齢層も高いので、ゆっくりとした気分で過ごすことができます。

競泳用の室内プールと、屋外プール、大きなジャグジープールがあるのも、水泳好きの私にはぴったりです。

私は2007年にプロ棋士を引退したのですが、それ以来おかげさまで約13年間、リーマン・ショックで一時体調を崩したものの優待生活で健康を取り戻し、たまにひく風邪にも負けずに過ごせています。

ちなみに、私は優待券を使うために自転車であちこち出歩くことが増えました。そのおかげで脚力が強くなり、スポーツクラブのルネサンスに優待券を使いに行くという「月曜から夜ふかし」のロケで反復横跳びをやったら、20秒間でなんと57回もできて「20歳の体力です」と言われました。

5 孫へのプレゼントも優待でカバー

リタイア世代にとって、孫は宝。孫が望むことなら、なんでもしてあげたいところでしょう。実際に、ランドセルなどの高価な買い物や家族揃っての旅行には、おじいちゃん・おばあちゃんの懐《ふところ》が頼りにされることが多いようです。

しかし、できることには限界があります。いつまでも孫のために大事な老後資金を使うわけにはいきません。

優待株銘柄には、孫との時間を充実させてくれるものもあります。

たとえば、東京ディズニーランド・東京ディズニーシーの1日パスポートがもらえるオリエンタルランド、自社経営のテーマパークで使える優待券がもらえるサンリオなどがその典型です（83ページ以降で詳しく紹介します）。

また、カタログから商品を選べるタイプの優待で、お菓子など孫が喜びそうなものを入手するのもいいでしょう。

私が妹の孫（男の子）に贈って一番喜ばれたのが、ハピネット（7552）の優待「オリジナル玩具・ゲーム・DVD・ブルーレイ等」から選んだラジコンカーでした。

さらに私の場合、カタログから選んだ商品を、知人へのプレゼントに使うことがよくあります。仕事でお世話になった人などに、**「優待でいただいたものなんですけど」と言って渡すと、大げさにならず、相手も喜んで受け取ってくれます。**

リタイア生活では、ご近所付き合いも増えてきます。優待でゲットした品を用いて、人間関係を円滑に回すことも可能です。優待品をかしこく使い回し、なるべく現金を使わない習慣をつけましょう。

6 優待でVIP気分も味わえる

企業の株を保有したときに、株主として特別に受け取れるものは、いわゆる優待や配当金ばかりではありません。**企業によっては、株主限定のイベントなどに参加する権利も与えられます。**

前にも述べたように、企業は、安定して株を長期保有してくれる個人投資家を歓迎します。そのため、個人投資家が喜んでくれるような場、個人投資家からの意見を聴取できる場を積極的に設けているのです。

たとえば、図4（51ページ）のように、JTやアサヒグループホールディングスなど、株主に対して工場見学を実施している企業もあります。直接、製造過程を見てもらうことで、自社製品の技術や品質管理についての理解を得ようというわけです。

こうしたイベントは、株主限定という特別感が得られ、なかなか興味深いものです。

夫婦や家族で参加すれば、いい思い出になるでしょう。

あるいは、カゴメなど、社長と直接対話する機会を設けている企業もあります。試食会もあるので、よりその企業のことを知る機会になるでしょう。

これも株主ならではの限定感が高く、ちょっとしたＶＩＰ気分を味わえます。

ただし、最近は新型コロナウイルスの影響で、こういったイベントを休止している企業も多いようです。ご注意ください。

図4 VIP気分を味わえる優待銘柄

社　名	優待内容
JT(2914) アサヒグループホールディングス(2502) JFEホールディングス(5411) 小松製作所(6301)	工場見学会 ※抽選
本田技研工業(7267)	レース・工場見学イベント ※抽選
カゴメ(2811)	社長と語る会 ※抽選／試食あり

7 QUOカードは「キング・オブ・優待」

企業から送られてくる優待品のなかで、最も使い勝手がいいのがQUOカードです。QUOカードは、テレフォンカードとほぼ同じ形態で、1円単位で使った分だけポイントが引かれる仕組みです。

残金が少なくなったら、新しいQUOカードと合わせて使うことも、現金を足して使うことも可能ですから、1円たりともムダにはなりません。

飲食やアパレルなどと違い、自社の店や商品によって株主に報いることが難しい業界では、たびたびQUOカードが用いられます。たとえば、車の部品を製造しているメーカーの株を買ったからといって、車の部品をもらっても困りますよね。このように、自社製品が一般投資家のニーズに合致しにくい企業では、QUOカードや図書カード、JCBギフトカードなどの金券を優待に用いることが多くなるのです。

図5 QUOカードのメリット

1 使用期限がない！

2 かさばらない！

3 節約もできる！（年間4～5万円）

4 あらゆる場所で使える！
（全国約6万店舗 ※一部店舗のぞく）

- コンビニエンスストア
- ドラッグストア（マツモトキヨシ、ミドリ薬局ほか）
- ファミリーレストラン（デニーズ）
- ガソリンスタンド（エネオス、JA-SS）
- 書店（紀伊國屋書店、丸善＆ジュンク堂書店ほか）
- 音楽ショップ（HMV）
- ホテル（サンルートプラザ東京、東京ベイ舞浜ホテル）

ＱＵＯカードは、セブン‐イレブン、ファミリーマート、ローソンなどのコンビニや、ドラッグストアのマツモトキヨシ、ファミリーレストランのデニーズ、紀伊國屋書店、丸善&ジュンク堂書店をはじめとする書店でも使えます（図5）。およそ、日本全国どこに住んでいても「使えるところがない」ということにはなりません。

また、**ＱＵＯカードには使用期限がありません。**

それに、かさばらないのもいいところ。**財布に入れておくだけで、必要に応じて使えるとても優れた優待です。**

第1章でもお伝えしたとおり、**ＱＵＯカードに税金はかかりません。**金券類も同様です。そのため、全国で使える金券類を優待に用いている企業の株を買うことで、**年間4万〜5万円の節約も可能です。**

8 優待仲間をつくれば、良質な情報が入ってくる

優待株をやっていると、新しい仲間もできます。かつては将棋の世界しか知らなかった私ですが、今は優待株投資を通して若い女性の友人も増えました。

ではどうやって知り合ったかというと、方法は簡単です。**インターネットで優待株について情報発信をしている人に、コンタクトすればいい**のです。

私がざっと調べた範囲では、株関係のブログをやっている人は、1万人超。うち、株主優待について書いているのは約1割。つまり1000人以上いる計算になります。

もちろん、なかには間違った情報を垂れ流している人もいますが、人気ブログランキングの上位に入ってくるようなものは読んでいて役に立ちます。

それに、SNS上に投稿しているような人は、もともと情報発信するのが大好き。タダで人にものを教えることを厭《いと》いません。コメント欄に質問を寄せたりすれば、たい

てい丁寧に答えてくれます。個別にメールでやりとりしてくれる人もいます。

あなたも思い切って、そういう人たちと友だちになってみてはどうでしょう。

私は年に数回、ネットで知り合った仲間とリアルな場での飲み会を設けています。優待券を使える飲食店を選び、美味しいお酒と肴《さかな》を前に楽しく情報交換しています。

こうした場では、いろいろおトクなヒントがもらえます。たとえば、優待券はものによっては金券ショップで高く売れますが、「どこの金券ショップが割がいいか」といったことも教え合っています。使い切れない優待券を交換したりもできます。

こうした仲間を増やすには、企業の投資説明会などに参加するのもいいでしょう。今、企業はどこもIR活動（投資家向け広報活動）に熱心で、個人投資家向け説明会を頻繁に開いています。たいていお土産付きで無料ですから、リタイア後で時間がある人にはうってつけです。

ネットなどで開催情報について調べ、積極的に参加し、そこで隣り合わせた人に「優待株はやっていますか」と声をかけてみましょう。「YES」であれば、すぐに会話も弾むでしょう。つまらない遠慮はいりません。これからの生活を充実させるために、優待株投資の世界を満喫している人々に、どんどん近づいていきましょう。

図6 おすすめブログ

■ **みきまるの優待バリュー株日誌**
https://plaza.rakuten.co.jp/mikimaru71/

■ **かすみちゃんの株主優待日記**
https://kasumichan.com/

■ **夕刊マダムの悠々優待生活♪**
https://ameblo.jp/yuukanmadam/

■ **毎日優待三昧2**
https://ameblo.jp/yuutaizanmai/

POINT

受け取った優待品を写真でアップし細かく説明している人、少しでも得するテクニックを説いている人、主に失敗体験を語っている人……切り口はさまざまです。

各企業のホームページとあわせて確認するのがおすすめです。

ただし、1つだけ注意してほしいことが。

私の名前や写真を勝手に使ってツイッターをやっている人がいますが、彼らはすべてニセモノです。間違った情報を次々と発信しており、私は大迷惑しています。こういうニセ情報にはくれぐれも騙《だま》されないでください。

第3章

買うならここから！
おすすめ銘柄46

1 5万円前後から買える！おすすめ優待銘柄

リタイア後に優待株を始める人にとって最も大事なポイントは、**「なるべく少ない資金で始められる」**ということです。なにしろ貴重な老後資金の一部を使うのですから、下手な冒険はできません。最初は1単元（100株）5万円前後で買えるところを狙いましょう。5万円前後の優待株を少しずつ増やし、4～5つほど保有するようになると、生活面でいろいろ得ができることが実感としてわかってくるはずです。

ただし、安ければいいというものではありません。同じ5万円前後でも、まだその企業が注目されておらず、実態よりも過小評価されているのと、業績が悪化して株価が下落したのとでは、意味がまったく違います。

「安いから」と業績が悪化した企業の株を買っても、倒産されたら紙くずです。お金は返ってこないし、優待も手にできません。そこは忘れないでください。

63ページの図7に、少額投資でも元がとれる銘柄を一覧にしておきました。どれを買っていいかわからないという人は、ここにあるなかから選んでもいいでしょう。

それぞれ、詳しく説明しましょう。

グローセル（9995）

1単元保有すると、1000円相当のQUOカードが1年に1回もらえます。10単元（1000株）以上だと2000円相当ですが、10単元を3年以上保有すれば、3000円相当にアップします。

利回りでいえば1単元保有が断然おトクです。

シダックス（4837）

自社グループ会社商品と交換できる優待券がもらえます。1単元保有で年に1回、2500円相当の優待券がもらえ、5単元（500株）となると1万5000円相当にアップされます。つまりは、4単元持っていても意味はないということです。

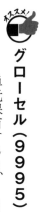

日神グループホールディングス（8881）

1単元保有で、1000円分のQUOカードがもらえます。また、千葉市にある自社所有のゴルフ場の平日優待割引券と、自社が売り主となる新築マンション購入契約締結時に分譲価格の1％が割引になる優待券がもらえます。これら優待券は株主以外も利用できるので、子どもたちなどに与えることも可能です。

セントケア・ホールディング（2374）

1単元保有で、500円分のQUOカードを1年に1回ゲットできます。ただし、これは3年未満の保有であって、3年以上となると1500円分にアップします。長期保有すればより得になる銘柄です。（注・2020年8月下旬から株価が急騰、10月6日現在、758円。総合利回りが低くなったので今買うのは得策ではありません）

テンアライド（8207）

天狗をはじめとした居酒屋を経営しているテンアライドは、1単元保有で1000円分の飲食券（500円券2枚）が年に2回（3月と9月）もらえます。年間合計2

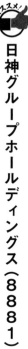

図7 5万円前後で元が取れるおトクな銘柄

社名（コード）	権利確定月	配当利回り（%）	優待利回り（%）	優待の最低取得額（円）	優待内容
グローセル（9995）	3月	2.89	2.41	41500	1000円相当のクオカード
シダックス（4837）	3月	0	9.62	26000	2500円相当の自社グループ商品と交換できる優待券
日神グループホールディングス（8881）	3月	0	12.2	41000	・1000円相当のクオカード ・平川カントリークラブ平日プレー割引券（4000円相当） ・自社新築マンションの分譲価格からの割引（1%）
セントケア・ホールディング（2374）	9月	2.06	0.64	77700	500円相当のクオカード※2
テンアライド（8207）	3月 9月	0	5.25	38100	1000円相当の飲食券を年2回
三谷産業（8285）	3月	2.33	3.88	38700	1500円相当の自社選定の商品
フジ日本精糖（2114）	3月	2.03	1.84	54300	1000円相当の自社製品
秀英予備校（4678）	3月 9月	2.65（予想）	2.21	45300	500円相当の図書カードを年2回

※1　同社のオリジナル菓子珍味セットと交換
※2　3年以上保有すると1500円相当のクオカード

000円分です。近くにお店がある人にはオススメです。

三谷産業（8285）

1単元で、自社選定の優待品1500円相当が、年に1回（3月）もらえます。たとえば、2020年は小ぶりの品のいい陶製ボールでした。選別の自由はききませんが、食器が好きな人にはいい銘柄です。10単元なら、送料別で3000円のオンライン優待券も選べます。

フジ日本精糖（2114）

フジ日本精糖は、2015年に優待を新設した企業です。1単元保有で自社製品の詰め合わせ1000円相当分がもらえます。上白糖、グラニュー糖などお砂糖がメインですから、普段からお菓子をよくつくる家庭なら、とてもいい優待となるでしょう。

秀英予備校（4678）

ここは、1単元保有で500円の図書カードが年に2回（3月と9月）送られてきます。本好きな人や子どものいる人にはいい銘柄です。

ちなみに、ここに紹介した銘柄は、配当なども含めた利回りでも有利なものが多くなっています。今はコロナの影響で業績が悪化し、配当が低い企業もありますが、単純に優待内容ばかりに着目するのではなく、配当についてもじっくり検討して、最初の一歩を踏み出しましょう。

2 これならリタイア後も安心！おすすめ安定銘柄

企業の株価は日々、変動します。いくら優待を目的とした投資であっても、大切な老後資金の一部を割《さ》いているのですから、その推移に無関心ではいられません。

「あれ、○○の株価が下がっている。4万8000円で買ったのに、今は4万5500円だ。このまま、どんどん下がってしまったらどうしよう」

ときに、こんな不安に襲われることもあるでしょう。

しかし、第1章でも述べたように、株主優待に力を入れている企業の株は、売りに出されることが少なく、暴落の危険性は低くなっています。なかでも、私が知っているかぎり株価が安定している銘柄について、次ページの図8にまとめました。

こちらは先ほどご紹介した、少額で買える銘柄とは異なり、購入金額が高めのものもありますが、購入の参考にしてください。

図8 株価が安定している銘柄

社名（コード）	権利確定月	配当利回り（%）	優待利回り（%）	優待の最低取得額（円）	優待内容
TAKARA&COMPANY（7921）	5月	2.58	0.72	209500	1500円相当のカタログギフト※1
JT（2914）	12月	7.95	1.29	193700	2500円相当の自社グループ商品セット
オリックス（8591）	3月 9月	0	—	131800	・カタログギフト※2 ・オリックスグループの各種サービスを割引価格で利用できる株主カードを年2回
トランザクション（7818）	2月 8月	1.48	5.24	114600	3000円相当の自社製品セットを年2回

※1　3年以上保有すると2000円相当のカタログギフトに
※2　3年以上保有するとワンランク上のカタログギフトに

TAKARA&COMPANY(7921)

1単元保有でギフトカタログから1500円分の商品を選べます。フルーツジュースや焼き菓子など、家族の生活に密着した商品が用意されています。しかも、3年以上継続して保有していると優待内容が2000円分に格上げされます。

ただし、最近、高騰しているので株価が落ち着くまで買いを控えたほうがいいかもしれません。2020年9月に3000円をつけましたが、2100円台まで下がってきてヤレヤレです。

JT(2914)

1単元保有で同社の扱う商品2500円分を年に1回(12月)受け取ることができます。「JTだから、もらえるのはタバコだろう」というのは早計で、レトルトご飯やカップ麺などがもらえます。ただし、1年以上の保有が条件です。

ほかにも、「隠れ優待」(142ページで紹介します)として、これまで毎年、海外のタバコなどをもらいました。私はタバコを吸わないのですが、こうした希少価値の高い商品をたまにもらえると、優待をやっていてよかったなと思います。

オリックス（8591）

「ふるさと優待」という自社と取引のある地域の名産品を年に1回（3月）、カタログから選んで受け取ることができます。1単元保有で最初は5000円相当の商品ですが、3年以上保有すると1万円相当のものになります。また、株主カードの提示により、プロ野球や宿泊施設など自社が関与するものに関して割引が得られるケースがあります。

トランザクション（7818）

1単元保有すると、3000円分の自社子会社製品が1年に2回（2月と8月）受け取れます。基本的に3つの製品からの選択ですが、コロナ禍真っ直中の2020年8月は、選択制にするとやりとりに時間がかかるため特別にプリーツマスク50枚と除菌ウエットティッシュ2個を送ると連絡がありました。

3 ランチにも呑みにも！安くておいしい飲食店銘柄

会社員時代はしょっちゅう外食していた人も、リタイアすると飲食店から足が遠のきます。やはり「なるべくムダ遣いをしないように」と考えるからでしょう。
しかし、飲食店を経営している企業の多くが、自社の店舗で使える優待券を発行しています。優待を使って、どんどん外食しましょう。

日本マクドナルドホールディングス（２７０２）

1単元保有で、お好きなハンバーガー、サイドメニュー、ドリンクの無料引換券6枚が年2回（6月と12月）送られてきます。全国のマクドナルドで年12回の食事ができる計算です。２０１４年の不祥事をきっかけにいろいろな面で改善が図られ、人気の高い銘柄となっています。

吉野家《よしのや》ホールディングス（9861）

1単元保有で300円券を10枚、年に2回（2月と8月）送ってくれます。年間合計6000円分です。店舗が多い上に、300円券と小額券なので使い勝手バツグンです。はなまるうどん、京樽《きょうたる》、海鮮三崎港《かいせんみさきこう》、カレーうどん千吉《せんきち》などで使えます。ちょい呑みができるのも嬉しいですね。買いの目安としては株価2000円です。

コロナで今期は減配予想ですが、普段は年20円配当で、優待が年6000円なので、投資額20万円なら利回り4％の計算になります。

大庄《だいしょう》（9979）

1単元保有で500円券5枚が年に2回（2月と8月）送られてくるので、年間合計5000円分にもなります。ここは庄や、やるき茶屋など居酒屋のほか、築地寿司《つきじすし》岩《いわ》、築地日本海《にほんかい》などの寿司屋も経営しています。今は居酒屋でもランチを提供している店が増え、大庄の優待券でランチを食べられる店は都内だけで132店舗もあります。カタログから選べる産地直送品に替えることもできます。

クリエイト・レストランツ・ホールディングス（3387）

1単元保有で500円券4枚が年2回（2月と8月）送られてきます。年間合計4000円分です。ここの優待券は24時間営業の磯丸水産《いそまるすいさん》、しゃぶ菜《さい》、きづなすしなどで使えます。夫婦で4000円分の食事をしてもいいですし、数回に分けてランチを楽しむのもいいでしょう。早い時間から磯丸水産で一杯やるのもいいですね。コロナのせいで株価が下がっているときこそ買いのチャンスです。

テンアライド（8207）

1単元保有で500円の優待券が2枚、年に2回（3月と9月）もらえます。年間合計2000円分と少額に感じるものの、株価そのものが安め（現在360円）なのでお買い得です。居酒屋の天狗などで使えますが、軽く一杯やるには500円券2枚でちょうどいいくらいです。また、天狗の日替わりランチはご飯やお味噌汁がおかわりできるので、私は重宝しています。

コロワイド（7616）

図9 安くておいしい飲食店銘柄

社名(コード)	権利確定月	配当利回り(%)	優待利回り(%)	優待の最低取得額(円)	優待内容
日本マクドナルドホールディングス(2702)	6月 12月	0.65	—	508000	株主優待食事券1冊を年2回
吉野家ホールディングス(9861)	2月 8月	0	3.01	199100	3000円相当の株主優待食事券を年2回
大庄(9979)	2月 8月	1.13(予想)	4.02	124300	2500円相当の優待飲食券、または特産品カタログを年2回
クリエイト・レストランツ・ホールディングス(3387)	2月 8月	0	6.66	60100	2000円相当の食事券を年2回
テンアライド(8207)	3月 9月	0	5.25	38100	1000円相当の飲食券を年2回
コロワイド(7616)	3月 9月	0.3	4.79	835500	2万円相当の優待ポイントを年2回※
アトム(7412)	3月 9月	0.23	4.65	86100	2000円相当の優待ポイントを年2回
カッパ・クリエイト(7421)	3月 9月	0.32(予想)	5.83	154300	3000円相当の優待ポイントを年2回
マルシェ(7524)	9月	0	5.17	58000	3000円相当の優待飲食券
ダイナミックホールディングス(2675)	6月 12月	0	3.33	120100	2000円相当の優待食事割引券を年2回
ジェイグループホールディングス(3063)	2月 8月	0(予想)	8.08	49500	2000円相当の食事券を年2回
日本商業開発(3252)	3月 9月	3.31	1.2	498000	3000円相当のジェフグルメカードを年2回

※初回のみ

5単元保有しないと優待が受けられないので、かなりの資金が必要ですが、3月と9月の権利確定ごとに、2万円分のポイントが分割で付与されます。つまり、1年間保有していれば年に4万円分のポイントを得られる計算です。ポイントは、1円刻みで使えるため端数のムダが出ません。北海道や甘太郎《あまたろう》といった居酒屋から回転寿司まで幅広く飲食店を経営しているので、使える店も多いです。アトムやカッパ・クリエイトの店でも使えます。ただし、株価は高め（1600円超）です。

アトム（7412）

コロワイドの株が高くて買えないという人は、コロワイド傘下のアトムがおすすめです。コロワイドの優待の約10分の1の価格で年4000ポイント（3月と9月に2000ポイントずつ）もらえ、利回りは4％と上々。ポイントは、ステーキ宮というステーキ＆ハンバーグレストランや廻転寿司にぎりの徳兵衛《とくべい》などで使えます。また、かっぱ寿司を展開するカッパ・クリエイトとも提携しており、相互のお店でポイントが使えます。

カッパ・クリエイト（７４２１）

同じくコロワイド傘下のカッパ・クリエイトは、１単元約14万円で年に２回（３月と９月）、３０００ポイントずつもらえ、利回りは４％超です。アトムと同じく、まずは安価で手堅く飲食系の銘柄を買いたいという人におすすめです。ここが展開しているかっぱ寿司は全国に広くあるので、地方の人でも求めやすいと思います。

マルシェ（７５２４）

１単元保有で、優待券が３０００円分（１０００円券３枚）、年に１回もらえます。居酒屋の酔虎伝《すいこでん》、八剣伝《はっけんでん》などで使えます。ただし、優待券が１人１回１枚（１０００円分）しか使えないのが少々難点ですが、ここの優待券は税抜き１０００円で税込み１１００円券なのが嬉しい。

ダイナックホールディングス（２６７５）

１単元保有すれば、響、鳥《とり》どりなどで使える１０００円の食事券が２枚、年に２回（６月と12月）もらえます。年間合計４０００円分です。私はこの優待券を使い、新宿西口の野村ビル49階にある響で優雅なランチを楽しんでいました。
今はコロナの影響で配当はありませんが、いずれ回復すると踏んでいます。

ジェイグループホールディングス（３０６３）

１単元保有で１０００円分の食事券が2枚、年に2回（2月と8月）もらえます。年間合計４０００円分です。近隣に使える店がない場合、代替商品を送ってもらうこともできます。

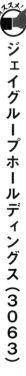

日本商業開発（３２５２）

ここは不動産関係の銘柄ですが、優待として日本全国の約３万５０００店の飲食店で使えるジェフグルメカードを出しています。ただし、優待を受け取れるのは3単元から。3単元保有で３０００円分のジェフグルメカードが年に2回（3月と9月）、つまり年間合計６０００円分もらえます。加えて配当利回りが3％もあるので、総合利回りは４％超と、高くなっています。

ジェフグルメカードは５００円券で、おつりも出るのが素晴らしいところです。たとえば、天狗に入って1200円の食事をしたときに、1000円分はテンアライドの優待券で支払い、残りの200円をジェフグルメカードで支払えば、ちゃんと300円のおつりが受け取れます。

このように、外食狙いの優待株を買うなら、利回りにばかり気を取られずに、まずは近所に優待券を使えるお店があるかどうかが大事です。わざわざ電車賃を支払って遠い店舗に行くのも悪くはありませんが、優待のうまみも薄れてしまいます。

4 夫婦で旅行を楽しみたいなら！宿泊銘柄

「定年退職したら、あちこち旅行に行きたいね」

仲のいい夫婦であれば、こんな会話を交わしているはずです。

いいですねぇ。独身の私には、うらやましいかぎりです。

なかには、退職金の多くをつぎ込んで豪華客船に乗り込む強者《つわもの》夫婦もいます。気持ちはわからないでもありませんが、ちょっと心配です。そんなにお金を使っていたら、老後資金がすぐにショートしてしまうからです。

旅行や日帰りでのお出かけにも、優待を積極的に活用しましょう。

ただし、アベノミクスで景気が上向いてからというもの（今はコロナの影響で下がっていますが）、航空や船舶といった交通系の企業の株はかなり高くなってしまい、なかなか手が出ません（詳しくは133ページ参照）。

それでも、電鉄系はまだ買える銘柄が残っています。

とくに、自分たちが住んでいる沿線の電鉄会社の株は保有してもいいかもしれません。その会社が経営している動物園や遊園地などの施設や、バスの割引券がもらえたりするからです。優待内容を調べ、活用できそうと思ったら購入を検討しましょう。

ホテルの株も、超一流のところは高いのですが、少しランクを落とすことでリタイア生活でも充分に買うことができます。

私はコロナの影響で下がった交通系の株をかなり拾いましたが（2020年8月に西日本旅客鉄道（JR西日本）を4454円、9月に九州旅客鉄道（JR九州）を2270円など）、一度、戻した後また下げてきたので、いまはどうなっているでしょうか。

サムティ（3244）

2020年10月12日に株主優待の変更が発表されました。

100株の優待（3000円引き券2枚）がなくなるので、100株保有している人にとっては改悪ですが、200株保有（今まで200株は100株と同じ）で共通無料宿泊券1枚がもらえるようになります。これは大きいです。

今まで、東京2大阪1の合計3つのホテルしか使えなかったのが、名古屋、京都、広島、福岡など全部で11ものホテルで使えます。

部屋に空きがあれば、金土曜の宿泊料金が高い日でも泊まれます。宿泊費がタダになるのは嬉しい。

300株は今まで通り無料券2枚です。

アルファクス・フード・システム（3814）

1単元保有で、ナチュラルグリーンパークホテルの4人部屋の無料宿泊券が年に1枚もらえます。このホテルは山口県にあるのですが、私も2019年9月に妹2人と姪と実際に行って泊まってきました。「自然環境調和型」をうたっていて快適な時間が過ごせます。

シー・ヴイ・エス・ベイエリア（2687）

カプセルホテルを経営していて、1単元保有で1500円分の宿泊割引券を年に2

図10 宿泊系のおすすめ銘柄

社名（コード）	権利確定月	配当利回り（%）	優待利回り（%）	優待の最低取得額（円）	優待内容
サムティ（3244）	11月	4.82	―	340000	12のホテルで使える優待宿泊無料券1枚
アルファクス・フード・システム（3814）	9月	0	9.3	75300	ナチュラルグリーンパークホテルの宿泊無料券※
シー・ヴイ・エス・ベイエリア（2687）	2月 8月	4.58	10.3	43700	1500円相当の宿泊割引券（6つのカプセルホテルと4つのビジネスホテルで使える）を年3枚

※1枚で4人までの素泊まりと天然温泉が無料

回（2月は2枚、8月は1枚）、計3枚もらえます。都内だと銀座、日本橋、田町など便のいいところに6カ所あるので、地方で暮らしている人たちの東京見物にはもってこいと言えるでしょう。

こうした宿泊の優待券は、年末年始やゴールデンウイーク、お盆、週末など混み合う時期には使えないケースもあるので注意してください。

逆に言うならば、リタイアして時間の自由がきく人にとっては、とても使い勝手が良くなっています。

5 孫との会話が弾む！エンターテインメント銘柄

「孫はかわいいけれど、年金暮らしで使えるお金に余裕がない」

そんなときには、テーマパークなどの優待券がもらえる銘柄をおすすめします。

オススメ！

オリエンタルランド（4661）

1単元保有でディズニーランドとディズニーシー、どちらかで使える1日パスポートが年に1枚（3月）もらえます。孫と一緒に行けなくても、プレゼントするだけで喜ばれること請け合いです。優待利回りは低いけれど、人気投票で常に上位に入る優待株です。

オススメ！

東映（9605）

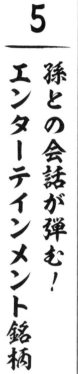

1単元保有で6枚綴りの優待券が1冊、年に2回（3月と9月）もらえます。つまり、年間に12枚分の優待券を受け取れることになります。それぞれの優待券に2カ月の有効期限がありますが、映画好きの人なら使い切れるでしょう。

サノヤスホールディングス（7022）

1単元保有で、お台場にあるパレットタウン大観覧車のチケットが年に2枚、3月にもらえます。このチケットは1枚１０００円相当ですから、乗りに行ける人にとって高利回りの銘柄です。私もしっかり楽しんでいます。

サンリオ（8136）

1単元保有で、サンリオのテーマパークで使える共通優待券3枚と、サンリオショップなどで金券として使える１０００円の株主優待券が年に2回（3月と9月）もらえます。テーマパークには、ピューロランド（東京）とハーモニーランド（大分）があります。親子3人で行けば、優待利回りだけで10%を超えます。

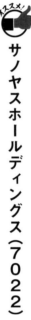

図11 孫が喜ぶテーマパークなどのおすすめ銘柄

社名(コード)	権利確定月	配当利回り(%)	優待利回り(%)	優待の最低取得額(円)	優待内容
オリエンタルランド(4661)	3月 9月	0	0.51	1465000	東京ディズニーランドまたは東京ディズニーシーで使える1日パスポート券を1枚
東映(9605)	3月 9月	0.35	―	1721000	6枚つづりの映画招待券を年2回
サノヤスホールディングス(7022)	3月	0	―	16400	パレットタウン大観覧車の優待利用券を2枚
サンリオ(8136)	3月 9月	0	1.08	185700	サンリオピューロランドとハーモニーランドで使える優待入場券3枚と1000円相当の優待買物券を年に2回
伊豆シャボテンリゾート(6819)	3月	0	―	101000	自社4施設の平日招待券(2名分)と全日招待券(1名分)各1枚
名古屋鉄道(9048)	3月 9月	0	―	564000	観光施設などで使える優待利用券1冊
グリーンランドリゾート(9656)	6月 12月	0	―	44100	グリーンランド遊園地等無料入場券2枚を年に2回

伊豆シャボテンリゾート（6819）

優待を得るには10単元（1000株）の保有が条件ですが、伊豆シャボテン動物公園、伊豆ぐらんぱる公園、ぐらんぱる公園内で観られるイルミネーションショーのグランイルミ、ニューヨークランプミュージアム&フラワーガーデン（静岡）の平日招待券をそれぞれ1枚ずつ（各1名同伴可）と全日招待券（1名分）が年に1回、3月にもらえます。

名古屋鉄道（9048）

3月末時点で株主になっていると、2単元（200株）保有で年に1回、名鉄百貨店の割引券や名鉄グループホテルの宿泊割引券、乗車証などのほか、リトルワールド、日本モンキーパーク（遊園地のみ）、南知多ビーチランド&南知多おもちゃ王国（いずれも愛知県）の共通入場招待券などがもらえます。

住んでいる地域に私鉄が走っていれば、その株主になっておくと、いろいろな優待が便利に使えるのでおすすめです。

グリーンランドリゾート(9656)

1単元保有で年に2回(6月と12月)、北海道と熊本の2カ所で経営されているグリーンランド遊園地の無料入場券が2枚ずつもらえます。年間4枚です。孫と使うも良し、夫婦で楽しんでもいいでしょう。「テーマパークは子どものものだ」と決めつけず、リタイア後こそ夫婦で遊びに行ってはどうでしょう。

6
定年後こそこぎれいに！紳士向けアパレル銘柄

私は、自慢ではありませんが、衣類は下着からコートまで、すべて優待で手に入れた品でまかなっています。しかも、バーゲン時期を狙ってよりおトクにゲットするのが私のやり方。おかげで、家には新品の服がたくさん待機しており、**いつデートに誘われてもOKです。**

多くの男性は、会社に行く必要がなくなると、見た目に気を遣わなくなります。そして、一気におじいさん臭くなります……と、よく女性の優待仲間が嘆いています。せっかくこれまで一生懸命働いてきたのですから、リタイア後にこそ、優待でおしゃれを楽しみましょう。

私の場合、ジーンズなどカジュアルウェアを展開するライトオンの優待をよく利用します。

図12 魅力アップに役立つアパレル銘柄

社名(コード)	権利確定月	配当利回り(%)	優待利回り(%)	優待の最低取得額(円)	優待内容
ライトオン(7445)	8月	0	5.25	57100	3000円相当の買物優待割引券
山喜(3598)	3月 9月	0	10.64	18800	1000円相当の優待買物割引券を年に2回※
タカキュー(8166)	2月	0	2.65	75000	2000円相当の優待買物券

※4単元(400株)保有すると2500円の買物割引券に加えて2500円相当のオーダーシャツ割引券も

ライトオン（7445）

1単元保有で1000円分の買い物券を3枚もらえます（8月）。先日この3枚を持ってバーゲン中のお店に向かったところ、下着のシャツ4枚で、定価4320円するところを、3000円分の買い物券だけですべて手に入れました。

山喜《やまき》（3598）

男性向けシャツのメーカーで、1単元保有で1000円分の買い物券が年に2回（3月と9月）、1枚ずつもらえます。1000円分ではいいものが買えないので4単元（400株）保有がおすすめ。400株だと、2500円の買い物券と2500円のオーダーシャツ割引券がもらえ、利回りがアップします。多めの単元を買うときは、家族で持ち合ってもいいでしょう。

タカキュー（8166）

1単元保有では優待が受けられませんが、5単元で1000円分の買い物券が2枚（2000円分）もらえます。5単元から25単元まで、優待は比例して増えていきます。

私は主に、ポロシャツやベルトなどの購入に使っています。

私は25単元持っているので、今年は清涼スーツ素材を使用した高級マスクを数枚もらいました。

7 奥さんも思わず笑顔に！女性向けアパレル銘柄

私は、ほかにもアパレル関連の株を結構持っています。アパレルの株は、どこも利回りがいい傾向にあるからです。妻のいない私は妹や知人へのプレゼントに回しています。

優待かつ、バーゲンで手に入れたものとなれば、みんな気軽に受け取ってくれます。夫がリタイアして老後資金が心配であっても、奥さんはおしゃれがしたいもの。女性向けの優待が充実した銘柄を、1つは持っておくといいでしょう。

ハニーズホールディングス（2792）

1単元保有で全国のショップ約870店舗で使える500円券6枚、合計3000円分の買い物券が受け取れます（5月）。

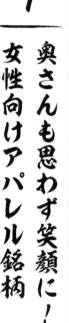

図13 奥さんも思わず笑顔になるアパレル銘柄

社名(コード)	権利確定月	配当利回り(%)	優待利回り(%)	優待の最低取得額(円)	優待内容
ハニーズホールディングス(2792)	5月	3.03	3.03	99000	3000円相当の優待券
バロックジャパンリミテッド(3548)	2月 8月	6.29(予想)	6.62	60400	2000円相当のクーポン券を年に2回
ベルーナ(9997)	3月 9月	2.26	1.41	70900	・1000円相当の優待券(または自社取り扱いの1000円相当の食品またはワイン) ・500株で3000円相当、1000株で5000円相当の優待券

バロックジャパンリミテッド（3548）

1単元保有で2000円のクーポンを年に2回（2月と8月）、合計4000円分もらえます。初めての時私は、2000円のクーポンを1枚握りしめて店舗に向かったのですが、その店では2000円以下で買えるものは1900円の靴下しかありませんでした。どうしようか悩んでいた私に、親切な店員さんが「以前バーゲンで出した残りがあるので」と、定価3000円の下着を1300円で売ってくれました。それは妹にあげました。

いまは妹や甥も株主なので、合わせて5人で半年に1万円の買い物ができます。

ベルーナ（9997）

通販で有名な企業です。1単元保有で1000円相当の優待券が年に2回（3月と9月）もらえます。この優待券は、たくさんある商品カタログからの買い物に使えるので便利です。ほかにも、裏磐梯レイクリゾートホテル、ルグラン旧軽井沢の宿泊優待券も受け取れます。おしゃれな服をもらうには、5単元や10単元あると理想的ですね。

8 おしゃれ紳士が一丁できあがり！理美容銘柄

散髪費用は、年齢に関係なく定期的にかかります。私のように、頭髪が寂しくなりかけている人ほど、実はこまめな手入れが必要なのです。

そこで、理美容系も優待を活用しましょう。

男性向けの理容室で使える優待銘柄はなかなかないのですが、美容室だと田谷《たや》、アルテサロンホールディングス、エム・エイチ・グループなどが優待券を出しています。

オススメ！

田谷（4679）

美容室を全国展開していて男性客も多く、夫婦でも行きやすい店です。1単元保有だと2200円分の優待券が年に2回（3月と9月）受け取れます。

Shampooという低価格の店ならほぼ優待券で散髪できます。優待券はヘアケア商品との交換もできます。

オススメ！ エム・エイチ・グループ（9439）

1単元保有で、自社グループオンラインストアでの割引優待券が、年に1回（6月）3500円分受け取れます。3年以上の長期保有だと、優待額は4500円分にアップします。

ちなみに、格安カットで有名なQBハウスを展開しているキュービーネットホールディングスが、2018年3月23日に上場しました。人気銘柄と言われていましたが、蓋を開けてみると公募割れ（公募割れについては119ページ以降で詳しくお伝えします）。公開価格の2250円を135円（6％）下回る結果となりました。それを見計らって私は4月に1981円で購入。ただ、ここはまだ優待はやっていません。

数年前、化粧品会社の株を多く買いました。景気が良くなると、化粧品会社はどこも株価が上がる傾向にあるため、アベノミクスの恩恵を受けられると考えたからです。化粧品や美容サロンの優待は、女性の知り合いや奥さんがいる方には評判です。

図14 おしゃれになれる理美容銘柄

社名（コード）	権利確定月	配当利回り(%)	優待利回り(%)	優待の最低取得額(円)	優待内容
田谷(4679)	3月 9月	0	8.06	54600	2200円相当の株主優待券が年に2回
エム・エイチ・グループ(9439)	6月	0	17.77	19700	3500円相当のオンラインストアで使える優待買物券

9 優待を使っておトクに健康管理！スポーツジム銘柄

スポーツクラブは、「リタイアしたら体を鍛えよう」という最初の意気込みとは裏腹に、すぐに飽きてしまう人も多くいます。会員になる前に、優待を使ってまずは体験してみることをおすすめします。

オススメ！

セントラルスポーツ（4801）

1単元保有で自社経営の施設で使える優待券3枚が年に2回（3月と9月）もらえます（年間合計6枚）。しかも1枚で同伴1名可能なので、夫婦揃って年に6回、施設を使えることになります。

オススメ！

ルネサンス（2378）

図15 おトクに健康管理！ スポーツジム銘柄

社名（コード）	権利確定月	配当利回り（%）	優待利回り（%）	優待の最低取得額（円）	優待内容
セントラルスポーツ（4801）	3月 9月	0	―	230100	優待券3枚が年に2回※
ルネサンス（2378）	3月 9月	0	―	92000	優待券2枚が年に2回
東急不動産ホールディングス（3289）	3月 9月	3.54	―	45200	・リゾートホテル宿泊優待券1枚を年に2回 ・宿泊優待共通券2枚を年に2回 ・スポーツ優待共通券2枚を年に2回
東祥（8920）	3月	0	―	130900	クオカードなどと交換できる株主優待券を年に4枚

※1枚につき同伴1名可

1単元保有で自社経営の施設で使える優待券2枚が、年に2回（3月と9月）もらえます（年間合計4枚）。5単元まで、2枚ずつ優待券が増えるので、一人でたくさん持っていてもいい株です。施設には、たいていマッサージチェアが置いてあり、無料で15分間使えます。混んでいると順番待ちが必要ですが、何度でもくり返し使えるので、愛用しています。

東急不動産ホールディングス（3289）

第2章でも述べたように、私は東急スポーツオアシスの会員です。1単元保有で年に2回（3月と9月）、リゾートホテルなどの宿泊優待割引券のほか、スポーツ施設の割引利用券が2枚もらえます。ちなみにこの割引券1枚で2名まで割引されます。

東祥《とうしょう》（8920）

1単元保有で年に1回（3月）、ホリデイスポーツクラブの施設利用料無料優待券が4枚もらえます。この優待券は、ゴルフ練習場での100球分や、QUOカードなどに換えることもできます（優待券4枚でQUOカード2000円1枚）。

私が購入した当時は100株290円（正しくは580円で購入したら2分割された）でした。一時は4870円まで高値を付けましたが、コロナのせいで下げています。

第4章

長期保有、買い増しでさらにおトクになる優待銘柄

1 「長期保有」でトクする優待銘柄ベスト6

最近、長期保有している株主に対し、優遇制度を設ける企業が増えています。その数は、優待株銘柄の2割に達しています。企業からすれば、売らずに長く自社株を保有してくれる株主はありがたい存在なので、当然の流れと言えます。

　こうした長期優待株は、長く保有するほどに利回りがどんどん良くなっていきますから、1つは持っておくといいでしょう。

オススメ！

リンクアンドモチベーション（2170）

10単元（1000株）からの保有が条件となりますが、10単元を1年以上保有で年に2回（6月と12月）、QUOカードが送られてきます。1年以上だと2000円分を2回、2年以上で4000円分を2回、3年以上だと6000円分を2回と増額され、利回りがどんどん良くなります。

２０１６年の優待新設時に１０００株の株主になった私は、２０２０年に株数を２５００株に増やしました。２５００株の３年以上となり、先日、１・５万円のＱＵＯカードを受けとりました。この場合、２０１６年から１０００株持っているので、３年以上と認定されるのです。

ジーテクト（５９７０）

ここもＱＵＯカードを年に１回（３月）もらえます。１単元を１年保有で１０００円分、２年以上で２０００円、３年以上３０００円と額面が増えていきます。

稲畑産業（８０９８）

この銘柄は、半年の保有で優待がアップするめずらしいパターンです。６カ月未満の保有だと、１単元でももっと多くても、１年で受け取れる優待はＱＵＯカード５００円分。それが、６か月以上３年未満では、１単元なら１０００円、２単元２０００円、３単元３０００円にアップします（１年に１回）。３年以上になると、１単元２０

00円、2単元3000円、3単元5000円（1年に1回）まで増えます。

千趣会（8165）

1単元保有でカタログからの買い物券1000円を年に2回（6月と12月）受け取れますが、1年以上保有すると、12月のみ500円分加算され、2年以上で1000円、3年以上で1500円加算されます。3年以上だと年に3500円になり、400円前後の株価にしては嬉しい利回りです。

ウィルグループ（6089）

1単元保有で、500円のQUOカードがもらえます（3月）。1年以上保有すると1000円に、2年以上で1500円、3年以上だと2000円と額面が上がり、どんどん利率が良くなっていきます。

ジャパンインベストメントアドバイザー（7172）

1単元保有で、1000円のQUOカードが受け取れます（12月）。1年以上保有す

図16 長期保有でトクする優待銘柄

社名(コード)	権利確定月	配当利回り(%)	優待利回り(%)	優待の最低取得額(円)	優待内容
リンクアンドモチベーション(2170)	6月 12月	1.80	1.00	399000	・1年以上で2000円相当のクオカードを年に2回 ・2年以上で4000円相当を年に2回 ・3年以上で6000円相当を年に2回
ジーテクト(5970)	3月	4.30	0.86	116400	・1000円相当のクオカード ・2年以上で2000円相当 ・3年以上で3000円相当
稲畑産業(8098)	9月	4.08	0.38	129900	・6カ月未満で500円相当のクオカード ・6カ月以上で1000円相当のクオカード ・3年以上で2000円相当のクオカード
千趣会(8165)	6月 12月	0	5.08	39400	・1年未満で1000円相当の自社カタログ買物券を年に2回 ・1年以上で12月のみ500円相当を追加 ・2年以上で12月のみ1000円相当を追加 ・3年以上で12月のみ1500円相当を追加
ウィルグループ(6089)	3月	2.46	0.59	85200	・500円相当のクオカード ・1年以上で1000円相当のクオカード ・2年以上で1500円相当のクオカード ・3年以上で2000円相当のクオカード
ジャパンインベストメントアドバイザー(7172)	12月	2.50	7.81	128000	・1000円相当のクオカード＋日本証券新聞デジタル版3カ月購読券 ・1年以上で3000円相当のクオカード＋日本証券デジタル版6か月購読券 ・2年以上で5000円相当のクオカード＋日本証券デジタル版6か月購読券

ると3000円、2年以上で5000円と額面が大幅に上がっていきます。また、QUOカードだけでなく、「日本証券新聞」デジタル版講読券も同時にもらえます。こちらも1単元で9000円相当が、1年以上で1万8000円相当と増えていきます。

このように、さまざまな形で長期保有株主に報いようとしている企業が増えています。そういう銘柄を長く持っていると、大切にされているようで気分がいいものです。

2 多く持てば持つほど有利！ 買い増し銘柄ベスト6

第1章で述べたように、本来、優待株は「株数を多く持っていればそれだけ優待も多くなる」というものではないことから、最小単位の取得を私はすすめています。

しかし、なかには多く持つことでより有利な優待が受けられるケースもあります。そうした銘柄を111ページにまとめておきました。

※この項目に入れていた「すかいらーくホールディングス」は、出版直前にオススメ！といえなくなりました。詳しくは本文をお読みください。

ロイヤルホールディングス（8179）

1単元保有では年に2回（6月と12月）、500円の食事券が1枚、計1000円分もらえるのに対し、5単元では500円券が10枚、年間1万円分もらえます。株保有数が5倍になると、優待が10倍になるわけです。さらに、10単元では、500円券が24枚、年間48枚と、さらに率が良くなります（率が良くなる上限は10単元まで）。この食事券は全国のロイヤルホスト、天丼のてんや、シェーキーズなどで使えます。

すかいらーくホールディングス（3197）

優待として年に2回（6月と12月）、飲食時の割引カードがもらえます。これまでは1単元保有では、年間合計6000円分だったのですが、2020年9月に優待改悪の発表があり、2000円2回になりました。300株、500株、1000株は改悪率が100株よりさらに悪くなり、残念ながら、「多く持てば利回りアップで優利な銘柄」ではなくなりました。ガスト、バーミヤン、ジョナサン、夢庵《ゆめあん》などで使えます。

ちなみに、雑誌の企画で私が30銘柄を選び、サラリーマン500人に投票してもらったところ、すかいらーくホールディングスが1位となりましたが、その雑誌の発売直前に、優待改悪されました。改悪後のアンケートだったら1位にはなっていなかったでしょうね。

図17 買い増しでトクする優待銘柄

社名（コード）	権利確定月	配当利回り（%）	優待利回り（%）	優待の最低取得額（円）	優待内容
ロイヤルホールディングス（8179）	6月 12月	0.87 （予想）	0.54	184200	1単元で500円相当の優待食事券を年に2回 5単元で5000円相当の食事券を年に2回 10単元で12000円相当の食事券を年に2回
すかいらーくホールディングス（3197）	6月 12月	0	2.65	151100	1単元で2000円相当の優待食事割引カードを年に2回 3単元で5000円相当の優待食事割引カードを年に2回 5単元で8000円相当の優待食事割引カードを年に2回 10単元で17000円相当の優待食事割引カードを年に2回
サムティ（3244）	11月	4.28	―	340000	2単元で12のホテルで使える優待宿泊無料券1枚 3単元で優待宿泊無料券2枚 6単元で優待宿泊無料券3枚
エステールホールディングス（7872）	3月 9月	0	0.76	65700	5単元で2000円相当の優待券 10単元で4000円相当の優待券+10000円相当の商品 50単元で10000円相当の優待券+10000円相当の商品 それに加えて500円相当のクオカード
ゼンショーホールディングス（7550）	3月 9月	0.8	0.80	250300	1単元で1000円相当の食事券を年に2回 3単元で3000円相当の食事券を年に2回※ 5単元で6000円相当の食事券を年に2回※ 10単元で12000円相当の食事券を年に2回※ 50単元で30000円相当の食事券を年に2回※
ADワークスグループ（2982）	6月 12月	0	2.53	158000	10単元で2000円相当の優待ポイントを年に2回 30単元で9000円相当の優待ポイントを年に2回 50単元で20000円相当の優待ポイントを年に2回 70単元で25000円相当の優待ポイントを年に2回
リーガル不動産（3497）	7月	0.53	2.11	189200	2単元で4000円相当の優待ポイント 3単元で8000円相当の優待ポイント 4単元で10000円相当の優待ポイント 5単元で15000円相当の優待ポイント 6単元で20000円相当の優待ポイント 7単元で30000円相当の優待ポイント 8単元で40000円相当の優待ポイント 9単元で50000円相当の優待ポイント 10単元で60000円相当の優待ポイント 20単元で100000円相当の優待ポイント

※3単元以上の場合、すき屋牛丼の具など全10種類の中から交換できる

サムティ（3244）

79ページでも紹介しましたが、2020年10月に株主優待変更が発表されました。200株保で共通無料宿泊券1枚。300株は今まで通り2枚。今までなかった600株、1000株、2000株、5000株、1万株の優待も新設（3枚、4枚、6枚、8枚、10枚）されましたが、3単元保有が最も得です。

エステールホールディングス（7872）

1単元では年に1回、9月に500円分のQUOカードを1枚もらえるだけです。しかし、5単元以上になると、それに加え3月に優待が出ます。その内容は、5単元で2000円の買い物券1枚、10単元で2000円の買い物券2枚と1万円分の自社商品、50単元で20000円の買い物券5枚と1万円分の自社商品という具合に変化していきます。宝飾品が欲しい人にはいい銘柄でしょう。一番お得なのは10単元です。

ゼンショーホールディングス（7550）

ここの優待は、ゼンショーグループ各店舗で使える500円のチケットですが、5

00株と1000株の利回りがよくなっています。1単元だと、1年に計4枚で2000円分（3月と9月の2回に分けて）。3単元だと計12枚で6000円分。5単元では計24枚で1万2000円分。10単元は計48枚2万4000円分。50単元以上は計120枚で6万円分となります。「そんなに食べに行けないよ」という人にも朗報。3単元以上の保有に関しては、「すき家牛丼の具」「ココスカレー」などとの交換も可能です。

ADワークスグループ（2982）

獲得ポイント数に応じてプレミアム優待クラブ（157ページ）のカタログから商品を選ぶタイプの優待です。ポイントを受け取れるのは10単元（1000株）保有からで、保有数が増えるほど有利になります。年に2回（6月と12月）、10単元で2000ポイントずつ、30単元で9000ポイントずつ、50単元で2万ポイントずつ、70単元以上では2万5000ポイントずつ受け取れます。

リーガル不動産（3497）

こちらもポイントに応じてプレミアム優待クラブのカタログから商品を選ぶタイプで

すが、1単元ではポイントは受け取れません。2単元で4000ポイント、3単元8000ポイント、4単元1万ポイント、5単元1万5000ポイント、6単元2万ポイント、7単元3万ポイント、8単元4万ポイント、9単元5万ポイント、10単元6万ポイント、20単元10万ポイントと多く保有するほど有利です。ポイントの受け取りは年に1回(7月)です。

しかし、プレミアム優待クラブは優待を廃止する企業が多いので、要注意です。

いずれにしても、いくら多く持つほど有利だとはいえ限度があります。いかに優良企業に思えても「絶対安全」はありません。リスク分散の意味からも、ある銘柄にあまり多くの資金を投入しないこと。最小単位の10倍くらいに留めましょう。

ちなみに「業績が悪いわけではないのに安めになっている株」については、複数単元購入(同じ会社の株を2単元以上保有すること)するのもおすすめです(122ページ参照)。優待株は、優待の権利確定日直前に買う人が多いことから、その頃には高値《たかね》をつけます。そこで、2単元買っておき、1単元をその高値タイミングで売って利益を確定し、一方で、残した1単元で優待をもらえばいいのです。

なお、権利確定日については203ページで詳述します。

3 地方でもOK！ 持っていると重宝する優待銘柄ベスト4

お買い物券などは、「本当にその優待券を使い切れるか」を考えてから購入する必要があります。そこで、地方でも利用しやすい優待銘柄を探っていきましょう。

飲食系では、吉野家（71ページ参照）やすかいらーくホールディングス（110ページ参照）は、広く全国展開しています。

76ページでも述べたように、日本商業開発の株を買ってジェフグルメカードをゲットすれば、日本全国約3万5000店の飲食店で使え、おつりも受け取れます。

ゼンショーホールディングス（7550）

1単元保有で500円分の食事券を2枚、年に2回もらえます（年間合計2000円分）。この食事券は、すき家《や》、なか卯《う》、ココスなどで使えます。

ジーフット（2686）

1単元保有で1000円分の優待券を年に2回（2月と8月）受け取れます。ジーフットは地方の幹線道路脇に出店していることが多く、近くに店がある人は活用できるでしょう。

あさひ（3333）

年に1回ですが、1単元保有で1000円分の優待券が4枚もらえます。自転車本体や部品の購入のみならず、修理などのオーバーホールサービスなどにも使えます。私は自転車でどこにでも出かけるので、あさひの優待はとても重宝しています。コロナの影響で暴落した2020年3月には900円台まで下がりました。一方で、電車を避け自転車を利用する人が増え、いまはちょっと割高です。なるべく安いときに買うのがベストです。

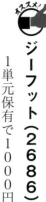

マックハウス（7603）

90ページで紹介したライトオンやタカキュー以外におすすめのアパレルです。1単

図18 地方でも重宝する優待銘柄ベスト4

社名（コード）	権利確定月	配当利回り（%）	優待利回り（%）	優待の最低取得額（円）	優待内容
ゼンショーホールディングス（7550）	3月 9月	0.8	0.8	250300	1000円相当の食事券を年に2回
ジーフット（2686）	2月 8月	1.98（予想）	3.95	50600	1000 円相当の優待券を年に2回
あさひ（3333）	2月	1	2.22	180500	4000 円相当の優待券
マックハウス（7603）	2月 8月	0	30.15	39800	1000円相当の優待券、20%割引券5枚、5000円相当の通販専用優待券を年に2回

元保有で1000円分の優待券1枚と、20％割引券5枚、5000円相当の通販専用優待券（3000円以上の買い物につき1000円利用）のセットを年に2回（2月と8月）送ってくれます。

なお、20％割引券は1000円優待券と併用できます。併用した場合、衣料品関係の優待は消費税別の場合が多いので、マックハウスは税込み1375円まで無料になります。

衣料関係ではほかに、全国展開している企業として青山商事、AOKIホールディングス、コナカなどがありますが、いずれも割引券しかくれないのが残念なところです。

4 意外と穴場の「公募割れ」銘柄

企業がはじめて株式を上場するとき、**「公募《こうぼ》」**を行います。発行される株数は限られていますから、公募に申し込んで当たった人だけが株を買える仕組みです。これを**IPO（新規公開株）銘柄**と言います。

公募と言っても、一般的な証券会社では取引額の多いお得意さんに振り分けるので、なかなか庶民には抽選権すら回ってきません。ネット証券では抽選を行いますが、応募者が多すぎてまず当たることはありません。

だから、私はIPO銘柄の公募に申し込むことはしません。その代わり「公募割れ」した銘柄を買うことはよくあります。

ちょっとわかりにくいので、公募割れについて丁寧に説明しましょう。

公募では、申し込むための金額が仮条件として提示されます。

仮条件は、主幹事証券《しゅかんじしょうけん》（株の発行に際し、関連する証券会社を取りまとめ、取引が円滑に進むよう調整する役割を担う証券会社のこと）が、機関投資家や銀行などに「いくらくらいが適当か」をヒアリングして決定します。

たとえば、散髪店のＱＢハウスを経営するキュービーネットホールディングスは、2018年の3月に上場しましたが、仮条件は1株2000円から2250円でした。つまり、「1株2000円から2250円の間で申し込んでください」ということです。

そして、実際の公募価格は上限の2250円になりました。ということは、それだけ前評判が高かったということです。1単元100株ですから、申し込んだ人は最低22万5000円で買っています。「すぐにもっと高くなる」と内心ほくそ笑んでいたはずです。

ところが、蓋を開けてみると初値は2115円でした。つまり、1単元22万5000円で買った株は、21万1500円に下がってしまったわけです。

このように、**初値が公募価格よりも低くなる状態を「公募割れ」**と言います。

公募割れが起きると、買った人はもくろみが外れてがっかりです。保有していれば株価が上がる可能性もゼロではありませんが、「もっと下がる前に手放そう」と売ってしまう人も続出します。

そこで私は、そういう人たちとは逆に、抽選が終わって公募割れした株に買いを入れます。理由はずばり、「安いから」です。加えて、やがて回復する可能性があると踏んでいるのです。

というのも、公募割れした企業は、多くが対応策として優待をつけることを考えます。バロックジャパンリミテッド、大英産業なども公募割れしましたが、その後、優待をつけてきました。

優待をつければ人気が出て、たいてい株価は上がっていきます。だから、公募割れした銘柄は、証券会社のホームページなどでチェックしておく価値があります。

ただし、**必ず株価が上がるというわけではありません。**もともと公募割れするくらいですから、いつまで待っても人気の出ない銘柄もあります。

そういうものをつかんでしまったら大変ですから、**公募割れ銘柄を買うのはちょっと上級者になってから。**最初は、動きを眺めるだけに留め、「なるほど」と納得できるようになったら挑戦してもいいでしょう。

5 「複数単元購入」でも元をとれる優待銘柄ベスト3

これまでふれてきたように、1単元の保有では優待が受けられない銘柄もあります。先ほど紹介したADワークス（113ページ参照）などです。

ジー・テイスト（2694）

1単元で手にできるのはあくまで15％割引券であり、食事券として使える優待券は10単元保有からです。

10単元保有すると500円券を年に2回（年間合計1000円分）、20単元で1500円券と1000円券をそれぞれ1回（年間合計2500円分）、50単元で4000円券と2500円券をそれぞれ1回（年間合計6500円分）……というように、保有数に応じて優待金額が上がっていきます。

図19 複数単元でも元をとれる優待銘柄ベスト3

社名 (コード)	権利確定月	配当利回り (%)	優待利回り (%)	優待の最低取得額 (円)	優待内容
ジー・テイスト (2694)	3月 9月	0	—	6900	・1単元で15%割引券4枚 ・10単元で15%割引券6枚 +1000円相当の優待券 ・20単元で20%割引券6枚 +2500円相当の優待券 ・50単元で20%割引券6枚 +6500円相当の優待券
タカキュー (8166)	2月	0 (予想)	2.65	75500	5単元で2000円相当の優待買物券 10単元で4000円相当の優待買物券 15単元で6000円相当の買物優待券 20単元で8000円相当の買物優待券 25単元で10000円相当の買物優待券
音通 (7647)	3月 9月	0.4	4	150000	50単元で3000円相当の ギフト商品を年に2回

タカキュー（8166）

5単元（500株）から優待が受けられます。5単元で1000円の優待券が2枚もらえ、10単元なら1000円の優待券が4枚に、15単元で6枚に、20単元で8枚に、25単元で10枚にと比例して増えていきます。優待は年に1回2月に受けられます。

音通《おんつう》（7647）

50単元以上保有の株主に共通して、年に2回（3月と9月）、それぞれ3000円相当の商品を送ってくれます（年間合計6000円分）。この銘柄の場合、保有数に応じて受け取れる額が上がったりしないので、50単元保有するのがベストです。ちなみに、2020年3月はそうめんギフトセットでした。

こうした銘柄はもともとの株価が安いケースが多く、1単元1万円に満たないものもあります。1万円ほどの出資に留まる株主に優待を出す余裕はないのか、こうした企業では、**優待を出すための保有株数が高めに設定されている**わけです。

ただし、いたずらに恐れることはありません。合理的に考え、判断していきましょう。

6 高利回りを狙うなら この銘柄

慣れてきたら、より利回りを重視して銘柄を選びましょう。

22ページで説明したように、優待株の利回りは、購入時の株価と優待内容、配当金から導き出されます。株価は絶えず変動するため正確な記述はできませんが、2020年10月時点のデータをもとに見ていきましょう。

オススメ!

タマホーム（1419）

株価は1443円とちょっと高め。1単元保有するのに14万4300円必要です。受け取れる優待は、500円のQUOカードが年2枚なので、優待利回りはさほど高くありません。しかし、配当金が60円（1株あたり）と高く、配当利回りだけで4・16%、優待含めての合計で4・85%の利回りになります。3年以上保有すると、QU

Oカードが追加で1000円分もらえ、さらに利回りがアップします。

実は今回、「タマホーム」に加えて、途中までは「ディア・ライフ」（3245）と「グッドコムアセット」（3475）を紹介する予定で、原稿も書いていました。ところが、編集作業中の2020年9月、両社が「株主優待」を廃止すると発表しました。

優待投資家はみんなびっくりしましたが、そんな銘柄を紹介するわけにもいきません。

新型コロナウイルスが世界経済を直撃したため、優待改悪や廃止という選択をする企業が出てきましたが、その一方で優待を新設・拡充する企業も次々に出てきています。

そんな企業を2社、紹介します。

ひろぎんホールディングス（7337）

2020年10月1日に上場した、広島銀行の持ち株会社です。10月1日はシステム障害のために値が付かず、2日はストップ高の700円。その後、600円前後を推移しています。

株主優待は、広島銀行の優待が引き継がれた形になります。100株の場合、

①金利優遇（1年定期0．05％、500万円まで）か、2500円の地元特産品カタログギフト

②ひろしま美術館の招待券2枚

③広島3大プロ（広島東洋カープ・サンフレッチェ広島・広島交響楽団）観戦・鑑賞チケット（抽選）

の3つになります。

金利は1000万円預けても税込み5000円、手取りで4000円なので手続きの手間などを考えるとほとんど意味がありませんが、カタログなら、好きなものを選んでハガキを出せばよいので簡単です。

②は以前からあったもの。

③は新設ですが、野球10組20人、サッカー50組100人、音楽50組100人とのことで、株主が17000人くらいいますから、例えば野球は17000人に一人の当選

確率となり、優待なしに等しいです。

というわけで、実質、株主優待が金利優遇から2500円のカタログになったわけで、100株2400円の配当に加え、すごい高利回りに拡充されたことになります。

オススメ! シード（7743）

現在、株価は711円。配当12円。優待確定月は3月。

100株で1万円相当の自社商品セット（コンタクトケア用品）がもらえます。これを選べば、優待利回りは14・06%になります。他に、メガネやコンタクトレンズの割引券、1000円のカタログギフトももらえます。

2018年7月に1株を3株に分割しましたが、新100株で以前と同じ優待なので、利回りがグンとアップしたのです。

このように、分割後も以前と同じ優待がもらえる銘柄もあります。

7 迷ったときに買っておきたい「ギフト券」銘柄ベスト5

ＱＵＯカードと並んで使い勝手がいい優待に、ギフトカード類があります。
76ページで紹介した、日本商業開発でもらえるジェフグルメカードもその１つです。
ほかにも、おすすめの銘柄をいくつかピックアップしておきましょう。

アサンテ（６０７３）

１単元保有で１０００円分の三菱ＵＦＪニコスギフトカードが年に２回（３月と９月）もらえます（年間合計２０００円分）。

このギフトカードは、たいていの百貨店やスーパー、家電量販店などで使えます。

フジ住宅（８８６０）

１単元だけだと優待は得られませんが、５単元で１０００円のＱＵＯカード、10単元だと、ＪＣＢギフトカード３０００円分が送られてきます（３月）。かといって、たくさん持てば得するというのではなく、50単元だとＪＣＢギフトカードは４０００円分。１００単元だと５０００円分と率が悪くなります。この銘柄は10単元保有がベストです。

ヤマザワ（９９９３）

株主の居住する地域によって、受け取れる優待が異なります。山形県と宮城県の株主の場合、１単元保有でヤマザワの買い物優待券１００円券20枚を年２回（２月と８月、年間合計４０００円分）受け取れます。他県在住の株主には、２月には１０００円分の三菱ＵＦＪニコスギフトカードが、８月にはお米が送られてきます。

海帆《かいはん》（３１３３）

１単元保有で、２０００円分の食事優待券か、おこめ券２キロ分（８８０円相当）か、20％の食事割引優待券10枚セットのいずれかを、年に２回（３月と９月）もらえ

図20 ギフト券銘柄ベスト5

社名 (コード)	権利 確定月	配当 利回り (%)	優待 利回り (%)	優待の 最低取得額 (円)	優待内容
アサンテ (6073)	3月 9月	3.82	1.27	157000	1000円相当の三菱UFJニコス ギフトカードを年に2回
フジ住宅 (8860)	3月	5.12	0.38	263500	5単元で1000円相当のクオカード 10単元で3000円相当のJCBカード
ヤマザワ (9993)	2月 8月	1.52	2.25	178000	・2000円相当の買物優待券を年に2回※1 ・1000円相当の全国共通ギフトカード※2
海帆 (3133)	3月 9月	0	8.97	44600	2000円相当の食事券と 20%割引の優待食事割引券10枚を年に2回、 あるいは2kg相当のおこめ券を年に2回
タカラレーベン (8897)	3月	3.85	ー	31200	1kg相当のおこめ券

※1　山形県・宮崎県の株主
※2　山形県・宮崎県以外の株主

ます。おこめ券は、「全国共通おこめ券」のこと。138ページで詳しく紹介します。

タカラレーベン（8897）

1単元保有で1キロ分のおこめ券（440円相当）が年に1回受け取れます。5単元だと3キロ分、10単元で5キロ分と率が悪くなっていくので、1単元保有がベストです。資金に余裕があったら別の株を買いましょう。

8 暴落はチャンス!! 今が買い時か？「交通系」銘柄

アベノミクス以来、交通系の銘柄は高騰し、なかなか購入しにくい状況になっていましたが、コロナの影響で人々の移動が制限され、バーゲンセール状態となりました。

それでも、株式市場において航空会社は手堅い人気銘柄ですし、優待もあります。

たとえば、全日空は1単元保有で国内線50％割引券1枚を年に2回、日本航空は年に1回もらえます。これらの優待券は金券ショップで売れますから、期限内に使えないと思ったら早めに換金してしまいましょう。

スターフライヤー（9206）

1単元保有で、普通運賃を割引してくれる株主優待券3枚を年に2回（3月と9月）受け取れます（合計6枚）。9月にはカレンダーももらえます。

ここが優待を発表したとき、優待券が年間6枚もらえることに注目が集まり。あっという間に株価が上昇しました。そのため、早くから買っていた私は、売却して値上がり益を得ることができました。このように、優待株をやっていても、ときどき値上がり益を手にできることがあります。

しかし、今は高値の半分以下に。ＬＣＣのエアアジアが日本からの撤退も発表しました。買うには勇気がいりますね。

日本郵船（9101）

1単元保有で、飛鳥《あすか》クルーズ1人分の料金が10％割引になる優待券を年に3枚もらえますが、よほど飛鳥クルーズが好きでない限り、使いこなせそうにありません。ただし隠れ優待として、日本郵船歴史博物館と日本郵船氷川丸の招待券が2枚ずつ（1枚で2名入館可）もらえます（隠れ優待については142ページで紹介）。私は横浜に行ったときに使っています。

ＪＲ東海（9022）

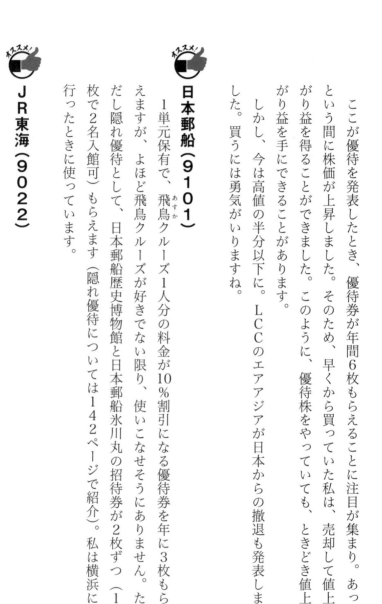

図21 暴落はチャンス!!今が買い時か？交通系銘柄

社名（コード）	権利確定月	配当利回り（%）	優待利回り（%）	優待の最低取得額（円）	優待内容
スターフライヤー（9206）	3月 9月	0	ー	261000	片道50%割引券3枚を年に2回
日本郵船（9101）	3月	0	ー	183000	飛鳥クルーズ料金10%割引優待券を3枚
JR東海（9022）	3月	0	ー	1470000	鉄道の10%割引券1 枚

正式名称は東海旅客鉄道です。1単元保有で、鉄道運賃・料金が1割引になる株主優待券を年に1枚くれます。運賃とは普通片道乗車券のこと。料金はグリーン券・特急券・急行券・指定席券を指し、寝台利用は適用外です。ほかのJR各社もそれぞれの優待を打ち出していますが、割引率や利用制限などが違ってきますから、事前によく内容を調べることをおすすめします。

いずれにしても、交通系は株価が高いので、鉄道の場合なら、自分が住んでいる地域に路線を持つ私鉄会社などを狙ったほうがいいでしょう。

私は多くの値下がりした交通系の株の中から、日本航空とANAをナンピン買い(保有している銘柄の株価が下がった時に買い増しをして平均購入単価を下げること)して、西日本旅客鉄道、九州旅客鉄道、西武ホールディングスなどを買いました。

優待をいただきながら、値上がりを待つつもりです。

西武新宿線の某駅は私の住んでいるマンションから徒歩6分なので、優待の西武全線切符が届いたら、自転車でなく、電車で遠くまで優待券を使いに行ってみようと思っています。

第5章

儲ける人はこう使う！3倍トクする優待の使い方

1 スーパーでは「おこめ券」を使おう

おこめ券はその名のとおり、本来はお米と引き換えることを目的につくられたものです。券の裏面にもそのことが明記されています。しかし、実際には、店の判断でほかの商品の支払いに使わせてくれます。

130ページで紹介した海帆やタカラレーベンもそうですが、おこめ券を優待に出しているのは、ほとんどが農業とは関係のない企業です。

実は、以前は株主にお米そのものを送ってくる企業が結構ありました。おそらく、妻への対応策だろうと私は考えています。夫が株式投資をすることをたいていの妻は喜びませんが、「お米をもらえるならいいわ」となることもあったでしょう。

ところが、1993年に冷夏の影響で大変な不作に襲われて以来、現物ではなくおこめ券を使うところが増えました。

企業にとって、お米そのものを送るよりも郵送料が安くて済みますし、受け取るほうも便利です。なぜなら、**おこめ券には使用期限がないので好きなときに使えます。**

それになにより、**お米以外の商品購入に使える**からです。

私自身、近所のスーパーやドン・キホーテ、薬局のセイジョーなどで使っています。

現在発行されているおこめ券は、1枚440円に相当します。そのまま、440円分の買い物に使えますが、基本的におつりは出ません。

私がおこめ券を使って買うのは、野菜や豆腐などの生鮮食品が主です。生鮮食品ばかりは優待で送られてくることはほとんどないからです。

「できる限り現金による出費はしない」のが私の主義ですから、おこめ券を使うときは消費税も計算しながら、442円、883円くらいで収まるよう工夫しています。

ちなみに、**おこめ券は金券ショップで売ることもできます。**

私の経験では、1枚410〜420円くらいで買い取ってもらえます。

使用期限がないのがおこめ券のいいところですが、どうしても使いきれない場合は、こうして売るのも1つの方法です。

2 コンビニでは電子マネーより断然「QUOカード」

コンビニはその名のとおり、私たちの生活になくてはならない存在となりました。毎日ついつい立ち寄って、必要のないものまで買ってしまうという人も多いのではないでしょうか。支払いも便利になって、電子マネーを用いる人も増えています。

しかし、コンビニでの電子マネーはムダ遣いのもと。とくに、交通系の電子マネーは、改札口で引っかからないように多めの金額をチャージしているでしょうから、油断してついついいらぬものまで買ってしまいます。

その点、QUOカードは「上限」が小さくなります。優待ではたいてい、500円、1000円のQUOカードが用いられます。もっと額面の高いカードもありますが、それはまれですから、ムダ遣いにはつながりません。ですから私は、コンビニではもっぱら優待で受け取ったQUOカードを活用しています。

ＱＵＯカードは、プリペイドカード、印紙、切手、タバコ、チケットなどの購入に充てることはできませんし、公共料金の支払いにも使えません。あくまで、一般的商品の購入に用います。それでも、**優待のＱＵＯカードがあれば相当な節約ができます**。薄くて軽いですから、優待で届いたら財布の中に入れておきましょう。

ただし、使わないほうが得するＱＵＯカードもあります。

たとえば、タマホーム（125ページ参照）でくれるＱＵＯカードは、かつてキムタクの写真が印刷されていました。こうしたカードはプレミアムがつき、ヤフオク！などのネットオークションで高く売買されます。

ちなみに、プレミアムがつかないものでも、金券ショップではたいてい額面の90％で買い取ってもらえます。ただし、広告柄が入っているものは88％くらいに落ちます。500円のＱＵＯカードなら400円、2000円のＱＵＯカードなら1800円というところが一般的です。

3 「隠れ優待」徹底活用で かしこく稼ぐ

正式に優待としてうたわれていなくても、企業が株主のために行っているサービスにはさまざまなものがあります。株主が得するこうしたサービスは、俗に**「隠れ優待」**と呼ばれます。隠れ優待は優待と比べ、変更や廃止の割合が非常に高く、本書の発売時にはなくなっている可能性も十分ありますが、注目する価値はあります。

ここでは、2020年に私が受け取った隠れ優待を紹介しましょう（図22）。

平和不動産（8803）

期日までに議決権行使書を返送したら、お菓子セットがもらえました。

リオン（6823）

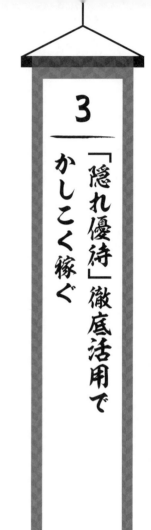

図22 隠れ優待銘柄

社名（コード）	権利確定月	配当利回り（%）	優待利回り（%）	優待の最低取得額（円）	優待内容
平和不動産（8803）	ー	2.20	0.34	290800	お菓子セット 年1回・期日までに議決権行使書を要返送
リオン（6823）	ー	1.80	0.21	239100	QUOカード1000円分 年1回・アンケートに要回答
ブックオフグループホールディングス（9278）	ー	0.66	2.19	91200	優待券300円分 年1回・アンケートに要回答
日本テレビホールディングス（9404）	ー	ー	ー	117000	美術館展の招待券1枚を年に2回 スポーツクラブティップネス招待券1枚 不定期
フジ・メディア・ホールディングス（4676）	ー	3.56	ー	101200	はちたま球形展望台8名入場のパスポートを年に2回

※優待に比べ、変更や廃止の可能性が高いため、ご自身で必ずお調べください

アンケートに答えると、１０００円のＱＵＯカードをもらえました。

ブックオフグループホールディングス（9278）

アンケートに回答すると、優待券３００円分をもらえました。

日本テレビホールディングス（9404）

年に2回、美術館の招待券1枚（2名有効）とスポーツクラブティップネス招待券1枚などがもらえましたが、これらは状況により不定期のようです。

前回はボストン美術展でしたが、コロナで中止になりました。今届いているのは、Ｈｕｌｕチケット1カ月分です。

フジ・メディア・ホールディングス（4676）

表に出た優待としては9月に手帳がもらえます。隠れ優待としては年2回の報告書に、お台場のはちたま球形展望台（入場料７００円）８名入場のパスポートがついています。この隠れ優待は人気があり、ずっと続くでしょう。これら隠れ優待については、内容は変わっていくこともあります。

なお、ここ1年では、隠れ優待としてQUOカードをもらえる企業が数十社ありました（多くは議決権行使のお礼として）が、あくまで「隠れ」であり公約していないわけですから、続くかどうかはわかりません。

ちなみに、いろいろな企業の議決権行使書がネットで売られています。それを買って株主総会に出席したい人がいるからです。というのも、株主総会では企業の製品が配られたり、豪華なお土産やお弁当が出されたりすることが多いからです。コロナのせいで総会参加の自粛が呼びかけられ、ハガキによる議決権行使をしただけでQUOカードが送られてくることが増えましたが、収束までの一時的な現象でしょう。

株主総会でもらえるお土産類も隠れ優待の1つと言えますが、議決権行使書の出品・購入は禁止されています。ご注意ください。

ほかには、株主懇親会を催している企業もあります。株主総会のように大がかりなものではなく、株主に自社の業績や今後の事業計画について説明したりする場で、出席者は抽選で決まることが多いようです。イオンの第1回懇親会に当選し、企業幹部に意見を述べる機会が持てた人もいたそうです。

いずれにしても、隠れ優待の内容は正式に発表していないので、ネットで調べたり、投資家同士で情報交換するといいでしょう。

4 「金券ショップ」で小銭を稼ごう

優待株投資を始めたら、金券ショップとのお付き合いは必須です。

企業からの優待券類はきれいに使い切るのが理想ですが、それができない場合、金券ショップで換金しましょう。

私がはじめて金券ショップに足を踏み入れたのは、バブルがはじけて株で大損した頃です。プロとして将棋のレッスンをやっていたために、お中元やお歳暮で百貨店の商品券をもらうことが多く、それを売って少しでも現金化しようと考えたのです。

ただ、当時の金券ショップは総じて怪しい雰囲気。対応に出てきた店員も強面《こわもて》で、額面をごまかされることもありました。

しかし、今はまったく違います。若くて感じの良い女性の店員も多く、安心して利用できます。

金券ショップでは、映画や美術館のチケットなども安く売っています。こちらから売るだけでなく、買い物をする場としても活用しがいがあります。

また、店によっては、使用期限が迫ったマクドナルドのコーヒー無料券をもらえるなどのサービスを受けられることもあります。

これまで金券ショップを一度も利用したことがない人は、まずは、お客として訪ね「どんなチケット類が売られているか」を眺めてみるといいでしょう。そうして少しずつ慣れてきたら、自分からも売りに出してみましょう。

なお、**金券ショップで1回の売値の合計が1万円を超えると、身分証明書を見せて住所と名前を書くことになります。**おそらく税務署の指導と思われます。金券ショップの売買で得たお金は「雑所得」として申告しなければいけないことになっているのでご注意ください。

もちろん、余った優待券類は、金券ショップでなくヤフオク！などのネットオークションに出してもＯＫです。ただ、金券ショップを回ることで、いろいろ得られるものがありますから、ときには覗《のぞ》いてみてください。

5 優待券は届いたその日が高値のピーク

金券ショップでの買い取り価格は、店員との交渉で決まります。少しでも高く売るためには、ちょっとしたコツがいります。

たとえば、Aという企業の優待券を売ろうとしたとき、その在庫が多ければ安く、少なければ高くなります。つまり、ポイントは**「希少価値」**です。

希少価値を持たせるためには、優待券が届いたらその日のうちに売るのが一番。まだ、みんなが売っていなければ在庫は少ないからです。

在庫がなくなってくれば、また高くなりますが、使用期限が迫っていれば安く買い叩かれます。基本的に、売ることが決まっているなら早いほどいいわけです。

また、いかにも売りたそうにしていると、相手に足下を見られます。**最初に「売りたいんですけれど」と切り出してしまえば、最安値を提示されてしまいます。**

私は、金券ショップに行く前に、よく使っている金券ショップ、アクセスチケットのサイトで自分が売りたい優待券の相場を調べておきます。

そして、そのうえで聞きます。

「今日は○○（銘柄）の買い取りはいくらですか？」

もし、返ってきた答えが想定よりも安ければ「じゃあ、やめておきます」と引きます。このとき、向こうが欲しいと思っていれば「いくらなら売ってくれますか？」と聞いてくるはず。そこで「アクセスチケットでは○円と出ていたけど」と交渉すると、たいていそれ以上の値で買い取ってもらえます。

大手の家電ショップが、ライバル店の価格次第で値引き交渉に応じてくれるのと同じ構図です。

金券ショップは近くにライバルが多いほど、競争原理が働いて高い買い取りをしてくれます。私はたいてい新宿駅西口の思い出横丁のところにたくさん並んでいる金券ショップに行きます。周りに店が多いほど高く買い取ってくれる傾向にあるため、頻繁に利用します。

図23 金券ショップで優待券を売るときのポイント

1 早めに売る

優待券は届いたその日が最も高値で売れやすい
(使用期限が近づくと、安く買い叩かれる)

2 売る前にサイトをチェック

「アクセスチケット」のサイトで
売りたい優待券の相場を調べる

3 金券ショップに出かける

できるだけ、近くにライバル店のあるお店を選ぶ
(競争原理が働いてより高く買い取ってくれやすい)

4 「売りたい」と言わない

「今日は○○(売りたい銘柄)の
買い取りはいくらですか?」と聞く
高ければ、アクセスチケットの価格を伝え
様子を見る

ちなみに、金券ショップは、そのチケットの需要がある地域の店であることが必須。九州地域にしか店舗がない企業の優待券を、大阪や東京の金券ショップに持ち込んでも相手にされません。

6 航空券は売り、新幹線特急券は買い

航空会社や鉄道会社の場合、たいてい運賃割引の優待券が送られてきます。これらは、金券ショップで換金しやすい優待です。

前述したように、スターフライヤーの場合、50％割引券が年間6枚もらえますが、使数に限りがあります。本社が北九州なので、基本は九州や西日本を頻繁に訪れる人でないと、せっかくの割引券も上手く利用できません。日本航空や全日空であっても、飛行機に乗らない人にとって割引優待券は宝の持ち腐れになってしまいます。

そういうときには、金券ショップで売ってお金に換えましょう。夏休みやお正月休みの前になると高くなる傾向があります。

それらを売って、逆に、自分に必要なものがあったら、金券ショップに寄ったついでに買っておきましょう。

とくに、新幹線のチケットはお値打ちです。

金券ショップでは、新幹線の回数券をばらしたものが主に売られています。

新幹線の回数券には、自由席回数券と指定席回数券があります。これら回数券は、もともとは同じ路線にくり返し乗る人のために売られており、3カ月間有効なチケットが6枚綴りになっています。ですから、3カ月以内に同じ路線を3往復する人なら、正式にJRの窓口で買っても得します。

たとえば、東京〜新大阪間を指定席を取って乗車すれば定価で1万4720円かかります（通常期）が、回数券なら6枚で8万3640円、1回1万3940円の計算になります。

この回数券をばらして売っているのが金券ショップ。それを活用すれば、1回の乗車で回数券のうまみを享受できるわけです。

ただし、注意したい点があります。そのお店で売られている**回数券の使用期限はしっかり確かめましょう。**乗車予定日に、その回数券は使用期限を過ぎていないでしょうか。使用制限にも気をつけてください。**回数券は、年末・お正月、ゴールデンウイーク、お盆の時期には使用できません。**

それから、自由席回数券はそのまま改札口を通れますが、指定席回数券はみどりの窓口か指定席券売機で席を指定する必要があります。

こうした知識をしっかり頭に入れた上で、運賃の節約に努めましょう。

7 お中元・お歳暮シーズンこそ優待の出番

お中元・お歳暮の時期には、親戚やお世話になっている人たちに、贈り物をしたいこともあるでしょう。そんなときも、優待を使った素敵なプレゼントが可能です。

コロワイド（7616）

72ページのとおり、保有数に応じて自社店舗で使えるポイント券が受け取れます（3月と9月）。希望により、黒毛和牛のステーキ肉やしゃぶしゃぶ肉など、ポイントに応じてカタログから選んだ商品を指定場所に送ってもらうこともできます。

コロナの影響で優待を改悪する企業もいくつか見られるなか、コロワイドは2020年3月の優待を1万ポイントアップ、系列のカッパ・クリエイトも同時期のポイントを2倍にしてくれました。

アイ・ケイ・ケイ（2198）

1単元保有で1500円相当の焼き菓子が送られてきます（4月）。この焼き菓子は贈り物に最適です。ほかにも、レストラン「ラ・ロシェル」などで使える飲食割引券が3枚ついています。使えるエリアは東京、富山、広島、福岡、長崎と限定されていますが、該当地域に住んでいる人なら、おトクに高級フレンチを楽しめます。こういった食事券を贈るのも良いでしょう。

ほかにも、カタログから商品を選ぶ形式の優待では、こちらが指定したところへ送ってもらえるケースがあり、季節の挨拶やプレゼントとして利用が可能です。そのとき、送られた側は「優待を利用した」とはわかりません。

私は、優待株を多数保有しており、離れて暮らす妹たちのお祝い事や、お世話になった人への贈り物も、こうした商品でほとんどまかなっています。

ちなみに、最近はカタログ形式で優待商品を送る「プレミアム優待倶楽部」という制度を利用する企業も増えています。主に、「優待はやりたいけれど、企業規模が大きくなくてシステム構築にお金がかけられない」という企業が活用しています。そのうちに、自社で優待制度を回せるようになれば脱会するところもあり、いろいろ流動的です。

第6章

ネットを使えば
らくらくカンタン!
株主優待の始め方

1 優待株の達人は「ネット証券」を活用する

バブル景気の頃は、まさに猫も杓子《しゃくし》も株式投資に舞い上がったかのように言われています。しかし、動いたお金は大きくても、実際に投資している人口は今ほど多くはありませんでした。当時は窓口で申し込むタイプの取引が圧倒的でしたから、やはり一般人には敷居が高く感じられたのでしょう。

私の知人からも「証券会社の店舗に入る勇気が持てない」という声を聞きました。難しい質問をされたらどうしようとか、いろいろ心配になってしまったようです。

実際に、よほどの人でない限り、証券会社の営業マンのすすめる銘柄を断るのは大変です。自分では「A社かB社の株を1単元だけ買いたい」と思っていても、「それでしたらC社やD社も面白いですよ」などと言われると、なかなか自分の意思を通しにくくなります。

その点、ネット証券なら気楽です。誰にも指図を受けず、ゆっくりと自分の思うままに売買ができます。**どんなに小さな額面でもいいし、そもそも、取引せずに様子を見ていることもできます。**

ネット証券に口座をつくれば、リアルに変動する株式チャートや、株価に影響する企業の情報などを自由に見ることができます。

証券会社の店舗に行けば、営業マンからいろいろ教えてもらうことは可能です。しかし、しつこく話だけ聞いて、なにも売買せずに帰ってくる勇気はないでしょう。その点、ネット証券の情報なら、気が済むまでじっくり見ていられます。

また、**売買にかかる手数料が安く済むのもネット証券のいいところです。**

私たちは、機関投資家と違って、少ない単位の株を売買します。そのたびに多額の手数料を取られていては優待のうまみも半減してしまいます。

2 生活スタイルに応じてネット証券を選択しよう

一口にネット証券と言ってもいろいろあります。

有名なところでは、松井証券、SBI証券、楽天証券、ライブスター証券、auカブコム証券、GMOクリック証券、マネックス証券、岡三オンライン証券、岩井コスモ証券あたりは耳にしたことがある人も多いでしょう。

ネット証券は、新興のものも含めほかにもたくさんありますが、**初心者はあまり規模が小さい会社は避けたほうが無難**です。信用のおけるネット証券のなかで、最も自分に合っていると感じられた1社で取引しましょう。私自身は、付き合いもあって5社ほど使っていますが、やはり煩雑です。取引自体は1社に絞ることをすすめます。

ただし、**口座は複数のネット証券につくっておくといいでしょう。**というのも、口座を開設すると、そのネット証券の会員用ページに入っていろいろな情報を見ること

図24 主なネット証券会社

証券会社名	売買手数料	特徴
松井証券	0円 (1日50万円以下の取引の場合)	超初心者におすすめ、チャート分析ツールの利便性高。
SBI 証券	0円 (1日100万円以下の取引の場合)	サイトの利便性(ジャンル別表示可)、IPO(新規公開株)の取扱数豊富。
GMO クリック証券	96円 (1日10万円以下の取引の場合)	手数料のキャッシュバックがある。取引ツールは高機能・簡易版の両方あり、安心。深夜の米国指標も素早く確認可。
楽天証券	0円 (1日50万円以下の取引の場合)	楽天スーパーポイントでの投資が可能。超割コースでポイントバックも。日経テレコンを無料で購読可。
岡三オンライン証券	0円 (1日50万円以下の取引の場合)	独自開発の取引ツールが好評。分析レポートも充実。中長期志向の人にも向いている。

ができるからです。また、メールマガジンも送られてくるので、新しい市場の動きなどにも敏感になれます。

口座をつくったからといって、必ずしもそこで取引をする必要はありません。複数のネット証券に口座開設して使い勝手をじっくり比較し、取引用の1社を決めたら、残りは情報を集めるところと割り切りましょう。

ネット証券は、**いつでも好きな時間帯に、銘柄や売買についての情報を閲覧したり、検討したりできるのがいいところ**です。営業マンにわざわざ聞くには気が引けるような小さなことも、ネット上でならいくらでも調べることができます。ネット証券は、使いようによってはとても「親切」なのです。

逆に言えば、親切さが感じられないネット証券は、初心者が利用するには不向きです。たとえば、ライブスター証券は、手数料はとても安いのですが、保有株が、いつ、いくらで買って、損益がどうなっているのかがわからず、たくさんの株を持っている私には、使い勝手がよくありません。

やはり、**いくつかの証券会社に口座を開き、会員用のページを見て、自分に適したところで取引するのがストレスなく続けられるコツ**です。

3 たったの2ステップで口座は開ける

❶ 口座開設の申し込みを行う

ネット証券に口座を開設するには、まず、その証券会社のホームページにアクセスします。グーグルやヤフーなどの検索サイト内にある検索ボックスに「松井証券」「SBI証券」などと入力すれば、上位に該当するホームページが出てくるでしょう。

いずれにしても、ネット証券のホームページには「口座開設」というアイコンがあるはずです。それをクリックすると、住所や氏名などを入力するページが表示されますから、指示に従って入力してください。すると、入力した住所に後日、正式な申込用紙が郵送されてきます。

ホームページ上でいきなり口座開設してしまうわけではありませんから、ご安心を。

操作している段階でなにかミスがあっても大変なことなど起きません。落ち着いて、住所や氏名を入力しましょう。

ちなみに、すでに口座を開いている知人から紹介を受けることで、紹介した人とされた人、双方にキャッシュバックがあるなど、顧客獲得のためにいろいろサービスを展開している証券会社もあります。家族や知り合いの人ですでにやっている人がいるなら、その紹介システムについて先に調べてみてもいいでしょう。

申込用紙が届いたら、漏れがないように記入し、捺印《なついん》して返送します。すると1〜2週間で、口座開設のお知らせや説明書と共に、取引に必要なＩＤやパスワードが送られてきます。

このＩＤやパスワードは、とても重要ですから忘れないようにしてください。できれば、自分が覚えやすい（かつ人にはわかりにくい）ものに変更しましょう。そのやり方も、送られてきた説明書に書いてあります。

❷ 株を売買するお金を口座に入金する

次に、取引するネット証券を決めたら、売買に必要なお金を開設した口座に入れます。とはいえ、直接入金できるわけではありません。まずはネット証券のほうが指定してきた銀行口座に振り込みます。どこのネット証券も、主だった都市銀行はじめ複数の銀行を指定してきますから、そこから選ぶことができます。

入金が確認されたら、いよいよ、それがあなたの口座に移ります。

この間、少し時間がかかることがあり、「この株を買いたい」と思ってから入金するのではタイムラグが出てしまいます。取引を行うと決めたところには、早めに入金しておきましょう。もちろん、資金を引き上げるのも自由ですから心配はいりません。

なお、口座開設の申込用紙には、「一般口座」か「特定口座」を問われる欄がありま す。さらに、特定口座は源泉徴収「あり」か「なし」かに分かれます。

一般口座の場合、売買の集計を自分で行い確定申告をしなければなりません。これは素人には面倒くさい作業ですので、それを証券会社がやってくれる**「特定口座」にすることをすすめます。**

特定口座を選んだとして、源泉徴収をありにするかなしにするかは、個人の判断が分かれるところです。

一切、面倒なことはしたくないなら、「源泉徴収あり」にしておけば、利益が出るたびに源泉されますから、後から税務署になにか言われるようなことはありません。これなら安心ですが、もしかすると少し損をするかもしれません。

というのは、**株売買での利益が20万円を超えなければ、そもそも納税の義務はないからです。**その場合、「源泉徴収なし」にしておくほうがいいでしょう。

ただし、年間取引報告書をもとに自分で確認し、**20万円を超えていたら確定申告をしなければなりません。それを怠れば追徴金《ついちょうきん》が課せられます**から注意が必要です。

4 1日50万円以下の少額取引なら、迷わず「松井証券」

松井証券の魅力は、**1日の約定《やくじょう》代金合計50万円以下なら、手数料が無料**だというところです。約定とは、売買が成立することです。

たいていのネット証券では、10万円以下でも100円から150円くらいの手数料がかかりますから、無料というのは大きなポイントです。その代わり、額が大きくなると他社よりも手数料が高くなり、50万円を超えると税込み1100円もかかります。

1日に50万円を超えない少額の取引をするなら、松井証券が向いています。

楽天証券も、1日50万円までの取引だと手数料無料（SBI証券も1日50万円まで無料でしたが、2020年10月から100万円まで無料になりました）ですが、情報収集という意味では松井証券をおすすめします。というのも、松井証券の「QUICK情報」というページでは、いろいろな条件で銘柄の検索ができて便利だからです。

株主優待についてのページでは、優待内容はもちろん、優待獲得に必要な金額も一目でわかります。化粧品、食事券の優待など、自分が受けたい優待を実施している企業を見つけやすく、配当利回りの大きい順に並べることもできて便利です。

「株価ボード」では、自分が登録しておいた銘柄の株価をリアルタイムで見ることができ、まさにフォロー体制は万全といったところです。

松井証券では、最近、夜間取引も始めました。夜間取引を行う人はさほど多くないため、売買を出しても約定しないケースも多々あります。しかし、優待の新設や廃止などの動きがあったときは、みんな早く売買したいので、この夜間取引が賑わいます。

なお、「無期限信用取引」という制度を設けていることも、松井証券の特徴です。

信用取引は、「空売《からう》り」（215ページ参照）などのように、自分を信用してもらうことで、実際に持っている資金以上の取引を行う手法です。期限をつけるという信用取引の常識を破ったわけです。しかも、信用取引口座の開設後6カ月間は、約定代金50万円以下の手数料は無料です。もっとも、リタイア後に優待株投資を始める人に信用取引など無縁です。結局は証券会社からお金を借りて取引をするわけで、非常に危険です。あなたはもっぱら、安全な取引を行ってください。

5 「使いやすさ」を重視するなら「SBI証券」

SBI証券は、ネット証券の最大手であり、安心感は抜群です。カスタマーサービスも充実しており、困ったときにしっかりしたサポートが受けられます。

また、SBI証券は、早くから夜間取引をやっています。

SBI証券の手数料は、1つの売買ごとに計算する「スタンダードプラン」と、1日の約定代金合計で計算する「アクティブプラン」の2つのタイプがあります。

小さい額面をちょこちょこ動かすならアクティブプランのほうが、ときどき大きな金額を動かすならスタンダードプランのほうが得です。私はアクティブプランを使っています。

他社との競争もあって、どちらのプランも**手数料が低く抑えられています。**

株主優待についてのページや、リアルタイムで株価がわかるチャート、企業に関する情報も他社に負けない充実ぶりですが、とくに使い勝手がいいのが「ポートフォリオ」です。

ログインすると、一番上の「株価検索」の検索窓の下に、「ポートフォリオ」「取引」「口座管理」「入出金・振替」と並んでいます。

ポートフォリオでは、**自分が所有している株について、さまざまに情報を並べ替えることができます。**

たとえば、その日の値上がり率の高い順に並べることもできれば、利益が大きい順に並べることもできます。

また、いつ、いくらで買って、今どのくらい儲かっているかということがカラー画面ではっきりわかるようになっています。

しかも、こうした情報を見ながら、マウスを使った操作1つで売買の注文を入れることができます。

そのため、売買のタイミングも逃しません。

株主優待を検索する場合は、「株価」を見ているときに「株主優待」という項目をクリックすると、月別、ジャンル別、優待獲得に必要な金額など、優待についてわかるようになっています。

これら利点があることから、たくさんの銘柄を持っていて、よく売り買いするような私の投資仲間の多くはＳＢＩ証券を使っています。

6 GMOグループの株があるなら「GMOクリック証券」

GMOクリック証券は、GMOファイナンシャルホールディングスというグループ会社の中の1つです。

面白いのは、**グループ企業の株を保有していると、手数料のキャッシュバックが受けられる**点です。

たとえば、GMOファイナンシャルホールディングスの場合、1単元（100株）保有で3000円の手数料キャッシュバックが年に2回受けられます。つまり、合計で年に6000円のキャッシュバックとなります。

GMOクリック証券の手数料は次ページの図25のとおりで、「1約定ごとプラン」と「1日定額プラン」があります。

1約定ごとプランの場合、10万円以下は96円。1日定額プランでも、20万円以下な

図25 GMOクリック証券のポイント

1 手数料のキャッシュバックが受けられる

例:GMO ファイナンシャルホールディングス
1単元保有で年2回、3000 円のキャッシュバック
(計 6000 円のキャッシュバック)

※GMOペパボ(3633)、GMOグローバルサイン・ホールディングス(3788)、GMOアドパートナーズ(4784)、GMOインターネット(9449)の株主も、手数料のキャッシュバックが受けられる。

2 手数料が安く抑えられる

1約定ごとプラン
95円(10万円以下の取引の場合)、
105円(20万円以下の取引の場合)ほか

1日定額プラン
230円(20万円以下の取引の場合)、
300円(30万円以下の取引の場合)ほか

手数料が年間6000円を超えることはほぼない

↓ つまり……

GMO グループ会社の銘柄を保有すれば、実質手数料0円

※ 取引のない日は手数料不要
※ 約定代金が2万 1000 円を下回った場合は、代金の 50%(税込)が手数料

ら234円。よほどの売買をしない限り、手数料が年に6000円を超えることはないはずです。つまり、**グループ会社の株を保有することで、実質的に手数料は無料になる**と考えていいでしょう。

GMOクリック証券では、価格などさまざまな条件を設定し、それに適応した銘柄を検索できる「銘柄スクリーニング」というシステムを設けています。

金額、優待内容など、相手がリアルな営業マンなら言い出しにくい条件でも、ネットのページであればいくらでもぶつけられます。

もちろん、検索したら買わねばならないというわけではありません。いろいろ検索しているだけでいい勉強になりますから、大いに活用してください。

7 購入前に確認しておくべき3つのチェックポイント

前項までに紹介したところでなくともかまいませんが、ネット証券に口座を開いて入金し、買いたい銘柄も見つかったら、いよいよ購入手続きです。でも、その前に確認しておきたいことがあります。

❶ 業績

その企業の業績は本当に悪くないのか、あなたが応援する価値があるのか、『会社四季報《しきほう》』や証券会社の情報ページなどで業績数字をチェックしておきましょう。

一口に「業績」と言っても、売上高、営業利益、経常利益、純利益など、いろいろな数字があります。なかでも、注意して見たいのが**売上高と経常利益**です。この2つを数年間にわたる推移で見て、上昇傾向にあるか、安定していれば、まずは安心です。

私の場合、ＳＢＩ証券で銘柄を見るときには、一番右の分析をクリックし、企業スコアの「割安性」をチェックします。10段階に分かれていますが、いい優待株は割安性が低くなります。というのは、優待目当てで買っている人が多いので当然、割安性は低いのです。割安性が高くていい優待をやっている株を見つけると、チャートを調べて高値圏でなかったら、だいたい買うようにしています。

ＧＭＯクリック証券では「理論株価」というのがあり参考にしています。仮に実際の株価が１０００円なのに理論株価が１５００円なら割安、７００円なら割高と判断できます。

2 自己資本比率

ここも重要な指標です。これが低く、35〜40％に当てはまらないようなら、自己資金が少なくて借金が多いということですから、注意して情報収集したほうがいいでしょう。

3 実際に商品やサービスにふれてみる

図26 購入前に見ておくべき3つのチェックポイント

ポイント1
売上高と経常利益

数年にわたって
上昇傾向にあるか、
安定していれば、
まずは安心。

ポイント2　自己資本比率

総資本のうち、どの程度が自己資本で
占められているかを示す指標。
ここが50%を切っていると借金が
多いということなので、
株初心者は要注意。

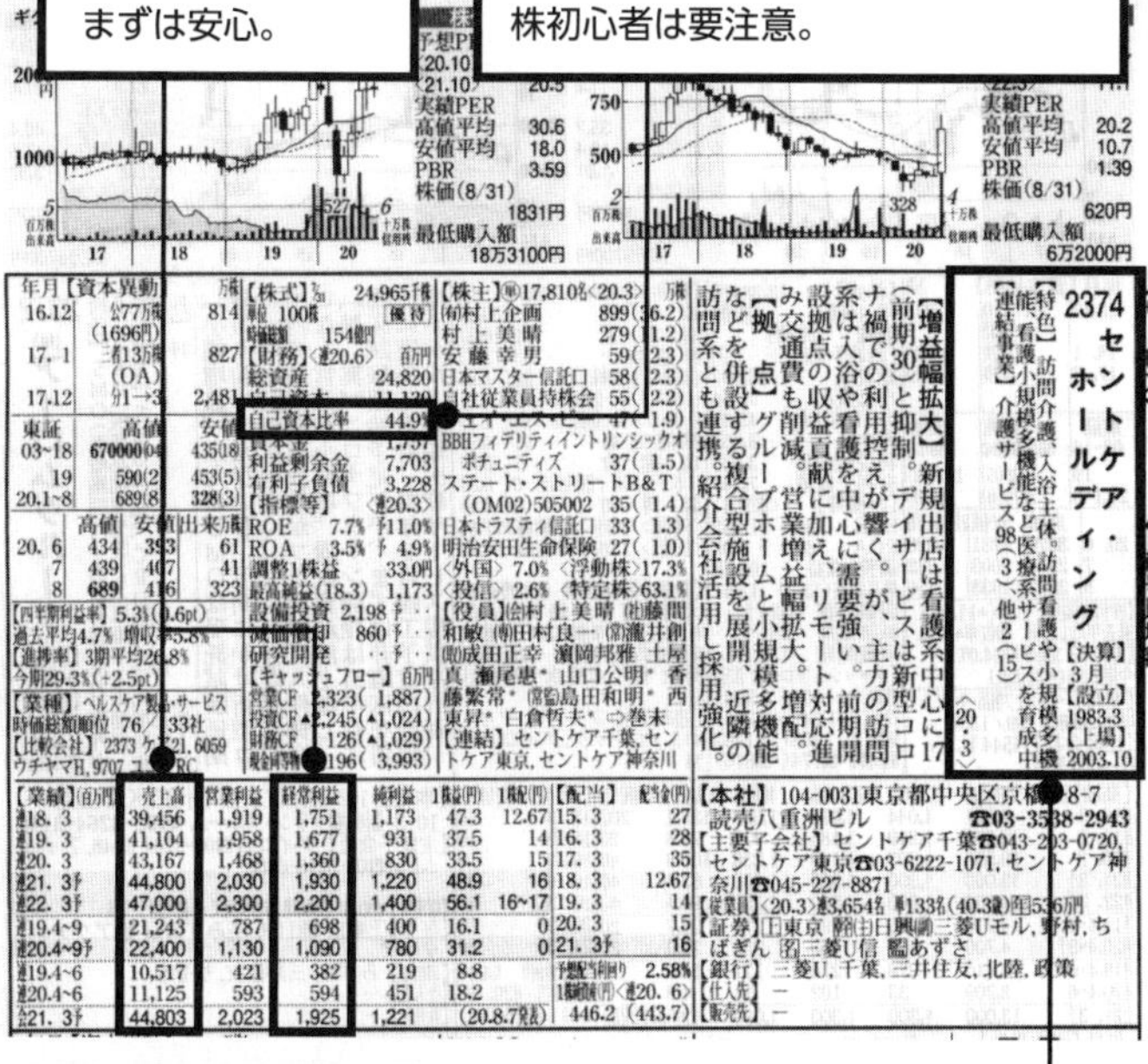

ポイント3　商品やサービス

実際に試してみて、
応援しようと思えるかどうかで購入を決めるのも吉。

※『会社四季報』2018 年4集秋号(東洋経済新報社)より抜粋

さらに、実際にその企業の商品やサービスにふれてみることも大切です。

企業の広告にはいいことばかり書いてあっても、現実は違うというケースも多々あります。実際に売っている商品に魅力がなかったり、現場の社員の対応が悪かったりすれば、それは企業の成長を妨げる要因です。

それになにより、株を買うということは、その企業を応援すること。応援したい気持ちが失せるようなら買うのはやめておきましょう。ほかに、あなたが資金を投じるべき銘柄があるはずですから。

8 買い時は「この2点」を見ればわかる

「いろいろ考えたけれど、やはりこの銘柄を買いたい」となったら、本当に今が「買いのタイミングなのか」を今一度、確認しましょう。

株価は日々変動します。業績のいい企業でも、ちょっとしたことで株価が下向くときも。株式投資の基本は、**「買うときはできるだけ安値で、手放すときはできるだけ高値で」**。買うにはタイミングがあるのです。ではどこを見ればよいのでしょうか。

❶ PER（株価収益率）

PERは、その株がお買い得なタイミングにあるかどうかを判断する指標です。

その企業の純利益を発行済みの株数で割ったもの（1株あたりの利益）をEPS（1株益）と言いますが、PERは、株価がEPSの何倍になっているかを示すものです。

たとえば、ある企業のＥＰＳは１００円で、株価が２０００円をつけているとしたら、ＰＥＲは20となります。ＰＥＲは、**だいたいが10～20で推移していて、15あたりが標準値。高いほど割高な状態にあり、低ければお買い得**ということになります。

❷ ＰＢＲ（株価純資産倍率）

企業の総資産から負債を引いた純資産を発行済みの株数で割ったもの（1株あたりの純資産）を**ＢＰＳ**と言い、そのＢＰＳに対して株価が何倍になっているかを示しているのが**ＰＢＲ**です。先に説明した**ＰＥＲがその会社の収益内容を示しているのに対し、ＰＢＲは資産内容や財務体質を表します。**

一般的に考えたら、会社の価値は純資産以上になるので、株価は1株あたりの純資産（ＢＰＳ）の1倍以上になっていて当然です。つまり、**ＰＢＲは1以上を示しているのが普通**です。**1より低いのであれば、かなり割安になっている証拠。**いずれは1を超えてくるはずで、そこが底値の買い時と考えていいでしょう。

もちろん、ただ赤字を垂れ流しているためにＰＢＲが低い場合は大問題。注意してチェックしてみてください。

9 注文もネットならスイスイできる

買いたい銘柄も決まり、今が買い時だと判断したなら、あとは注文を出すだけです。

ネット証券での買い注文は、驚くほど簡単。画面に従って、銘柄、株数、価格、注文の期限を入力していくだけです。

上場銘柄には、「銘柄コード」という4桁の数字が与えられているので、このコードも押さえておくと、よりスムーズです。コードは『会社四季報』にもネット情報にも載っていますから、すぐにわかります。

注文株数は、基本的に1単元にあたる100株。狙っている優待取得に必要なら、200株や300株と増えることもあるでしょう。

ちょっと頭を使わなくてはならないのが**価格と注文の期限です**。

株の売買には「指値《さしね》」と「成行《なりゆき》」の2つの方法が選べます。大雑把《おおざっぱ》に言うと、指値は自分で価格を指定するのに対し、成行は流れで価格が決まります。

本書の読者には、より安心感のある指値をおすすめします。成行では、暴騰や暴落が起きたときに、こちらが想像していたのとはかけ離れた価格で取引が成立してしまう危険性があるからです。

では、指値でいくらに設定すれば、その株を買えるのでしょうか。この判断には、どこのネット証券でもページを設けている**「板情報《いたじょうほう》」**が役立ちます。板情報とは、**その銘柄の注文状況を示すもの**です。

株を売買するにあたって理解しておきたいのは、あくまで証券会社は仲介者にすぎないということです。あなたに株を売ってくれるのは、その株を持っている人。あなたが売りたい株を買ってくれるのは、その株を求めている人です。

板情報には、その銘柄を売りたい人と買いたい人の数、および希望価格が表になっています。それを見て「いくらなら買えそうか」を判断し、価格を入力します。

このとき、各銘柄の値段の水準によって指定できる価格の刻みが決まっています。この刻みのことを**「呼び値《よびね》」**と言います。要するに、**細かい端数は受け付けられないことが多い**ということです。

図27 板情報

売数量（株）	気配値（円）	買数量（株）
10	1040	
50	1030	
20	1020	
40	1010	
30	1000	
	990	10
	980	20
	970	10
	960	10
	950	10

売りたい人の行列

1000円で
30株が売りに
出されている

990円で
10株の買い注文が
出ている

買いたい人の行列

売りたい人、買いたい人が
希望している値段を「気配値」という

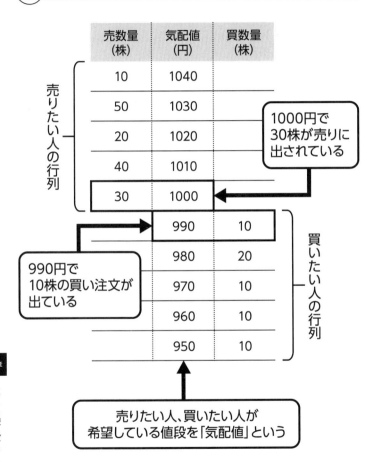

きちんと呼び値も守って注文を入れたからといって、必ずしも買えるとは限りません。株は、企業によって発行できる数があらかじめ決まっています。ですから**株の売買は、買いたい人と売りたい人の価格が一致したときに成立します。**かつ、同じ金額を提示している場合、先に注文を出している人から成立させるというルールがありますから、「自分が買いたい価格で売ってくれる人が存在しない」という状況も起き得るのです。こういうときのために、注文の有効期限の入力が必要になります。あなたが指定した有効期限までにマッチングする売り手が現れなかったら、その取引は流れる仕組みです。

しかし、流れたら再度、注文を入れればいいだけの話。有効期限を必要以上に長く設定するには及びません。

買い指値の場合、現在値より安い値段で買いたいときには運にもよりますが、売り物があるところに指値をすれば確実に買えます。

10 株価が上昇したら、売ってよし

本書でくり返しお伝えしてきたように、優待株投資は、基本的に値上がり益を狙ったものではありませんから、デイトレーダーのように神経質に株価をチェックして売買する必要はありません。

しかし、優待狙いで買ったはずの株が幸運にも値上がりしたら、売って利益を確定させることも、もちろん可能です。売るときも買うときと同様、画面に従って、銘柄、株数、価格、注文の期限を入力していくだけです。

このときも、**板情報を参考にしながら、指値で売り注文を出しましょう**（図28）。

基本的に、成行で売るのは余裕がない状況に陥っている証拠です。

「もう、いくらでもいいから買ってくれ」という投げ売り状態にあるから成行を選ぶのです。

210ページでも述べますが、私は株価が下落したという理由だけでは売りません。優待目的なのですから、**株価が下がったからといって慌《あわ》てることはありません。**

唯一、売る理由は、ラッキーにも価格上昇したから。少しでも株価が上がれば余裕ができ、指値でゆっくり売ることができるでしょう。

取引が成立したら、あなたの口座にその金額が戻されます。

そこからまた、じっくり検討して別の優待株を買えばいいのです。

値上がりして儲かったのはたまたまラッキーだったという認識が必要です。値上がり益狙いの株式投資に軸足を置けば、破綻に近づきます。

私はかつて現役棋士の頃、もっぱら値上がり益重視株の売買をしていました。毎日、株価が気になって、下がると憂鬱な気分になりました。信用取引で大きな損失を出せば、支払うお金に窮したこともありました。

バブル崩壊で大金を失ったときには、本業にもひどく影響し、翌年の給料を決める順位戦で10戦全敗。初の降級点をとって給料は3割ダウンとなりました。

そんなことをくり返し、リーマン・ショックで大損して、ようやく私は気づきまし

図28 売り注文の出し方

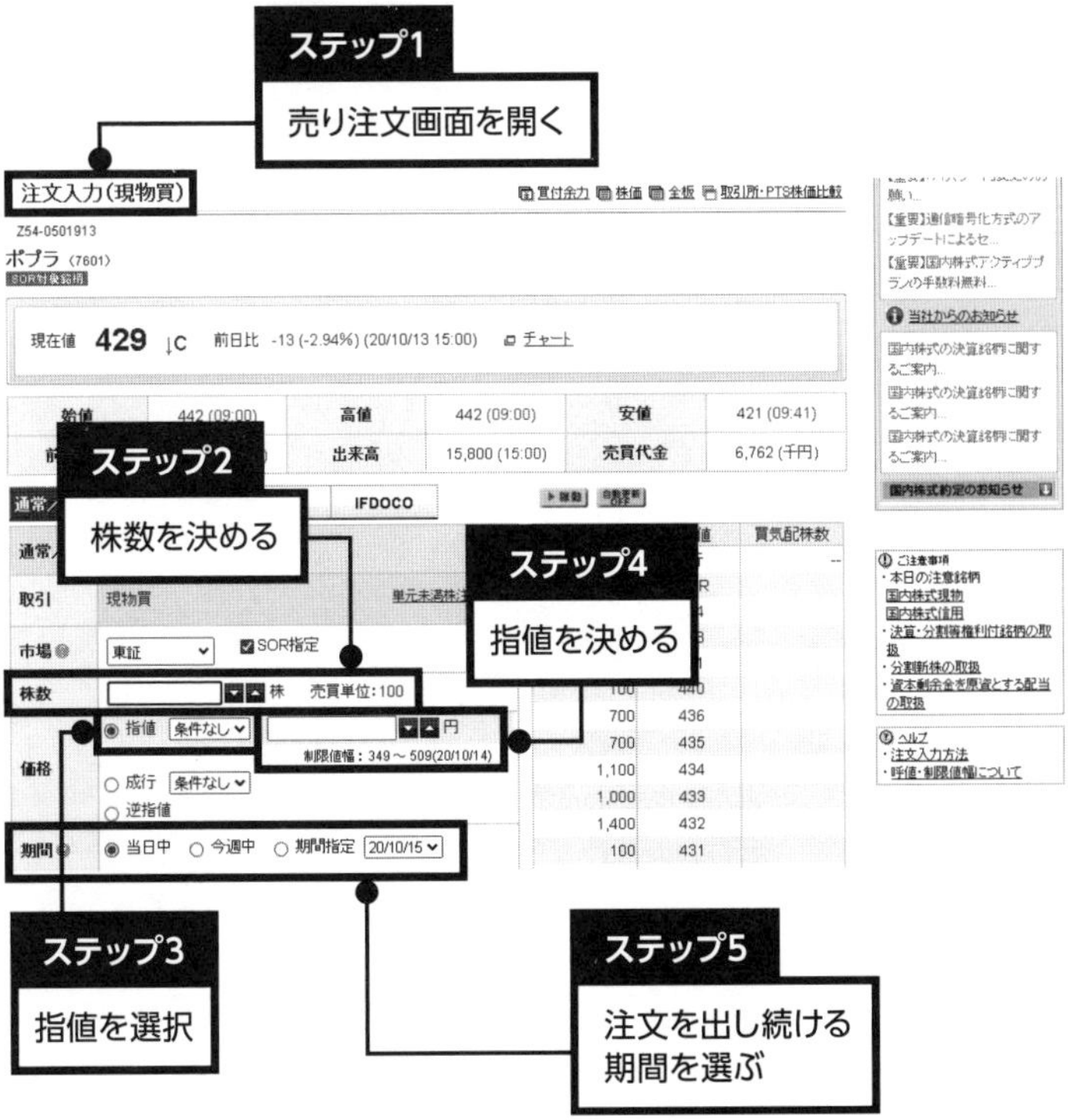

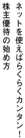

た。株で値上がりを狙うのは狩りに出るようなものだと。

とくに、信用取引は猛獣狩り。うまく仕留められたらいいですが、失敗したら猛獣に襲われて瀕死の重傷を負います。

すでに何度も大怪我をした私ですが、それ以来、優待株に変えました。すると、株価に一喜一憂することがなくなり精神的にとても安定しました。持ち株の値が上がれば嬉しいですが、下がっても「優待がもらえるから、まあいいや」とのんびり構えていられます。

値上がり益重視株が「狩猟」なら、優待株は「農業」です。狩猟は上手にやらないと獲物を逃し、最悪の場合こちらが喰われてしまいます。しかし、農業はやり方さえ覚えれば誰でも収穫を得ることができます。

その分、ちょっと気長にやらねばなりません。種を撒いてすぐに収穫というわけにはいきません。

優待株も同じで、割安なときに買って、権利日を迎えたらその2〜3カ月後にやっと優待品が送られてきます。時間はかかりますが、優待と配当を合わせて利率4％を超える株を保持していれば、確実に得ができます。

くり返します。優待と配当を合わせて利率4％を超える株を、少しずつ分散してなるべくたくさんの株を持つようにしてください。

それによって、受け取れる優待で暮らしを豊かにしながら、老後に備えることが可能になります。

11 「適時開示情報閲覧サービス」はおトク情報の宝庫

東京証券取引所が構築・運営している**「適時開示情報閲覧サービス」**という電子システムがあります。まさに、企業の情報を適時開示するためのものです。

上場している企業は、株価に影響を与えるような動きがあったときに、すみやかに情報を開示しなければなりません。株主が甚大な損害を被る可能性があるからです。かつ、それを適時開示情報閲覧サービスを通して行うことが義務づけられています。瞬時に広く周知することで、インサイダー取引を防ぎ、公平性を保つためです。

新しい情報が入ってきたら、適時開示情報閲覧サービスのページはどんどん更新されます。ときには、優待の新設や廃止、変更といった、私たちにとってとても重要な情報も含まれますから無関心ではいられません。

このサービスは、ネット証券のホームページでも見ることができます。ＪＰＸ（日本取引所グループ）のページもわかりやすいつくりになっています。

ＪＰＸのものは、グーグルやヤフーなどの検索サイトにある検索ボックスに「適時開示情報閲覧サービス」と入力すると出てきます。見出しが一覧になって並んでおり、詳しく読みたい項目は見出しをクリックすればＯＫです。

見出しの並びは、新しい情報ほど上部に来るようになっており、内容で区別されるわけではありません。そのため、見出し一覧のなかから、必要な情報かどうかを早めに判断する必要があります。見逃していると、その見出しはどんどん下に送られてしまい、よけいに見つけにくくなります。

見出しを追っていかなくても、ある特定の企業やキーワードについて検索することもできます。検索ボックスに「優待」と入力すれば、優待がらみの項目がピックアップされます。もちろん、私はこの方法をとっています。

そして、いい優待が新設されたら、翌日に買うようにしています。

たとえば、ヒロセ通商（７１８５）もその１つです。ヒロセ通商は２０１６年８月19日の大引け後、優待新設を発表しました。そのときの株価は１０６７円。それで、９月に１万円相当の自社商品を優待として贈るというのです。計算すると配当（１・５

%）と合わせ、なんと10％を超えるではありませんか。

とはいえ、優待品が不要なものでは意味がないのでネットなどで調べてみると、なかなか魅力的。私は迷わずに買いを入れました。多くの投資家が買い注文を出したので、約定したのは１２００円でした。

こういうことがときどきあるので、優待に絞った情報チェックは欠かさずにしています。

12 NISAはこう活用しよう

先にも述べたように、株の売買で得た収益や配当金には、約20％の税金がかかります（優待品にはかかりません）。しかし、2014年1月から、非課税枠が設けられました。いわゆる**「NISA（少額投資非課税制度）」**です。

名前のとおり「少額を投資する人のための制度」であり、利用しない手はありません。ただし、NISAの口座は1つの証券会社でしか持てません。私は複数のネット証券に口座を開き、いろいろ情報を得ることをすすめていますが、NISAの口座は、実際に取引するところを吟味した上で開きましょう。

なお、**NISAが有効なのは、始めてから5年間という期限つき**ですが、非課税期間満了後、翌年のNISA非課税投資枠に移せば、さらに5年間非課税となります。それ以降は、20％の税金がかかります。

図29 NISA（少額投資非課税制度）の主な特徴

1	口座は1つの証券会社で開設可能

2	対象は満20歳以上の国内居住者

3	投資を始めて5年間は非課税

通常は売却益の約20%が課税される
（復興特別所得税を含めると 20.315%）
※ただし非課税期間満了後、
翌年のNISA非課税投資枠に
移せばさらに5年間非課税になる（要手続）

4	購入金額は年間120万円まで

購入金額＝非課税投資枠
その年の非課税投資枠の未使用分は
翌年以降繰り越しできない

5	いつでも払い出し・売却が可能

ただし、払い出し・売却をした分に対応する
非課税投資枠は再利用できない

第7章

これなら失敗しない！ 桐谷流株主優待 12の格言

1 『会社四季報』は社名まわりの情報が命！

優待株を始めることに二の足を踏んでいる理由に、「そもそも、企業にまつわる情報の集め方がわからない」と感じている人も多いのではないでしょうか。

A社は画期的な商品を開発しているようだとか、B社は大胆な人事刷新を行うようだとか、そういうことを前もって察知した人が上手に動いているらしいけれど、自分はどうやってそんな情報を入手すればいいのか……。

でも、そうした「知る人ぞ知る」情報は、素人には無縁のものと割り切ったほうがいいでしょう。それよりも、自分が口座を開設しているネット証券会社の情報提供ページをマメにチェックしたり、優待株の投資仲間と話をすることのほうが、初心者には大事だと思います。

では、**『会社四季報』**はどうでしょう。小さいけれど分厚くて、細かい文字や数字

図30 会社四季報を使った情報の集め方

ステップ2 PER

お買い得かどうかを示す指標。
15が標準、10〜20が平均値。
高いほど割高、
低いほどお買い得。

ステップ3 PBR

資産内容や
財務体質を表す指標。
1以上が標準。
1より低いほどお買い得。

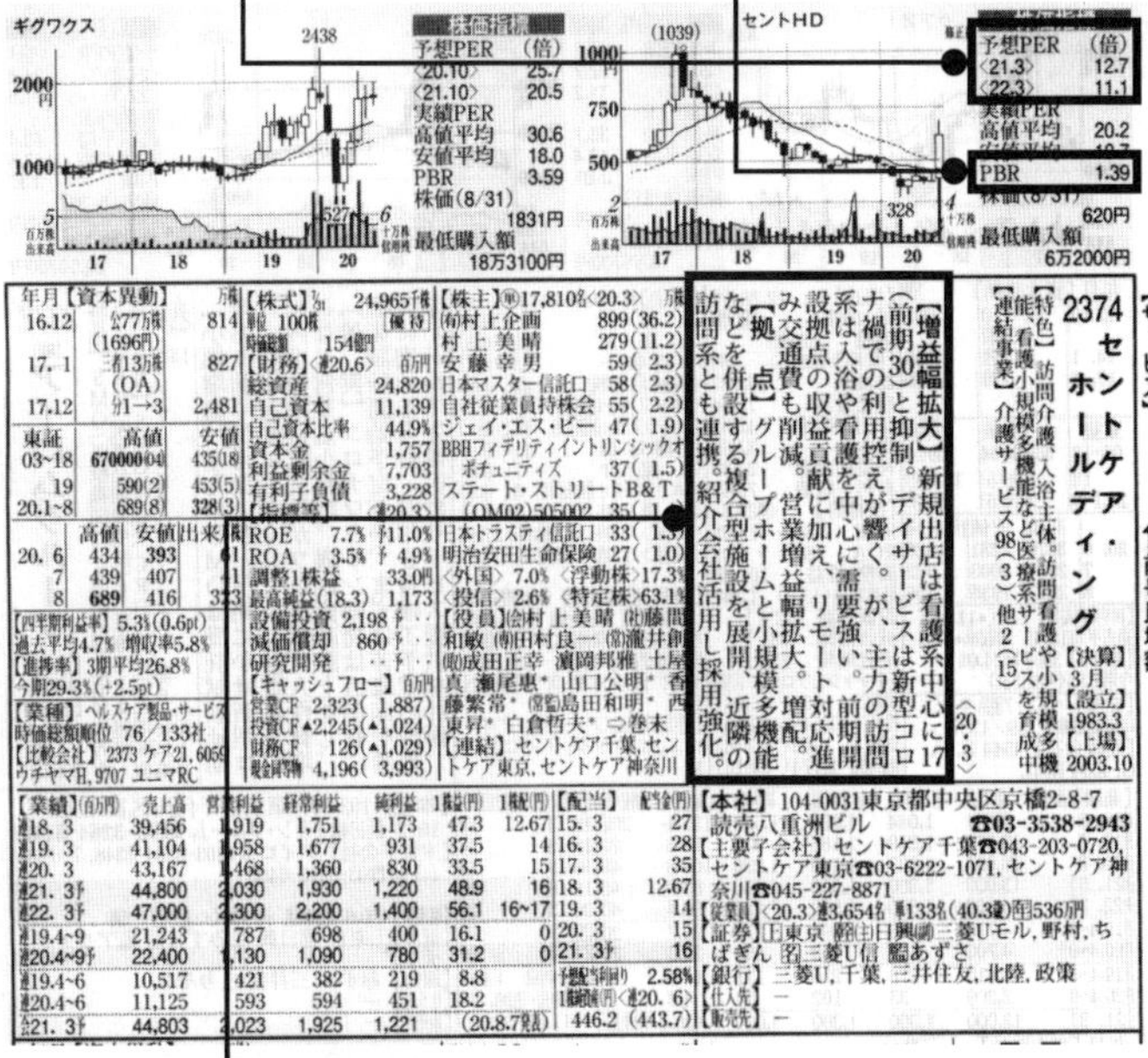
セントHD
予想PER (倍)
〈21.3〉 12.7
〈22.3〉 11.1
PBR 1.39
株価(8/31) 620円
最低購入額 6万2000円

2374 セントケア・ホールディング 【サービス】
【特色】訪問介護、入浴主体。訪問看護や小規模多能、看護小規模多機能など医療系サービスを育成中
【増益幅拡大】新規出店は看護系中心に17(前期30)と抑制。デイサービスは新型コロナ禍での利用控えが響くが、主力の訪問系は入浴や看護を中心に需要強い。前期開設拠点の収益貢献に加え、リモート対応進み交通費も削減。営業増益幅拡大。増配。
【拠点】グループホームと小規模多機能などを併設する複合型施設を展開、近隣の訪問系とも連携。紹介会社活用し採用強化。
【本社】104-0031東京都中央区京橋2-8-7 読売八重洲ビル ☎03-3538-2943

ステップ1 トピックス

この項目を見れば、会社の動向がある程度わかります。
最低限、この情報はチェックするようにしましょうがぎっしり並んでいるアレです。慣れないうちは、ちょっとめくって見ただけでうんざりしてしまうのではないでしょうか。

実は私も、『会社四季報』を読むのは得意ではありません。ただ、株式投資をするにあたって一度は見ておきたいツールです。

まず目を通したいのが、社名と基本情報が記された枠の次に書かれたトピックスです。トピックスは銘柄ごとに内容が違っており、【物流改善】【伸び悩む】【中国製】【好調】【開拓】など、さまざまな見出しが付けられた2項目からなっています。2項目でも10行足らずですから、すぐに読めます。

さらに、上部の「株価指標」という小さな欄に載っている**「PER」と「PBR」も重要**です（PERとPBRについては181〜182ページ参照）。

『会社四季報』の巻末には60〜70ページにわたり、「株主優待」のページが設けられています。インターネットでの情報収集が苦手な人は、これが強い味方になります。

ちなみに、『会社四季報』は、名前のとおり**春夏秋冬の年に4冊刊行されます**。

ネット証券に口座を開設すれば、会社四季報の情報を無料で閲覧できます。私はSBI証券やGMOクリック証券にログイン後、よく情報収集に役立てています。

2 「買ってはいけない会社」は会社四季報を見ればわかる

今、日本には株式会社が350万〜400万社あると言われています。そのうち上場しているのが、およそ3700社。上場するためには証券取引所のお墨付きが必要なわけですから、上場している会社はそれだけ経営状況もしっかりしていると言えます。

ただ、これまでも、山一證券や日本航空などの大企業が破綻しているのは事実で、上場企業中40社くらいは潰れる可能性があると考えていいでしょう。

1997年の山一證券の倒産は、私たち投資家にとって寝耳に水で、非常にショッキングな出来事でした。私は当時、山一證券の株を信用取引でも買っていたので、会社の倒産後、一気に返済を迫られ、金策に苦労しました。社員でさえ自己破産した人は少なくなかったと聞いています。誰もが、国が救ってくれると期待していましたが、現実はそう甘くはありませんでした。

少し怖がらせてしまったかもしれませんが、こういう情報は、今ではよほどずぼらでないかぎりつかむことができますから、過剰な心配はいりません。

危ない企業については、会社四季報であれば巻末の**「上場廃止リスクがある銘柄一覧」**などに示されていますし、ネット証券の情報ページにもさまざまな形で注意喚起がなされています。

もっとも、潰れそうなほどに経営状況が悪ければ優待もままならないわけで、基本的に優待を出している企業は安定しています。

とくに、**配当を出していれば安心**と考えていいでしょう。株主に配当するためには、その企業の経営に悪影響を与えないための一定のルールがあるからです。そのルールをクリアしているということは、それだけ堅実な経営ができている証拠です。

3 買うタイミングは、権利確定日の2〜3カ月前

株は「割安なときに買う」ことが鉄則です。優待株は、あまり激しい値動きはしない傾向にありますが、それでも「買い時」はあります。

企業は株主に優待を出すに当たり、独自のルールを決めています。たとえば、「年度末の3月31日時点で1単元以上の株を保有している人が優待を受けられる」というようなことです。企業によって具体的な日付は違いますが、この例の3月31日のような日を、優待の**「権利確定日」**と言います。

となると、優待狙いで「なるべく権利確定日の直近になってから買おう」と考える人が増えます。そのため、権利確定日近くには株価が上昇します。だから、こうした時期の購入は適切ではありません。

かといって、権利確定日が過ぎて間もない時期に買ったのではなかなか優待にありつけません。**権利確定日の2〜3カ月前を購入の目安にする**といいでしょう。

ただし、この目安に縛られすぎないでください。権利確定日が過ぎて間もなくは、売る人が多いので株価は一時的に下がります。あえて、そこで買いを入れるのも1つの方法です。また、権利確定日を年に2回設けている企業も多くあります。

ちなみに、権利確定日にその権利を有するためには、**2営業日前までに買っておく**必要があります。そのぎりぎりの日を**「権利付最終売買日」**と言います。土日休日は営業日ではありませんから注意が必要です。

ただし、くり返しますが権利確定日直前には株価が上がりますから、そのようなタイミングで買うのは得策ではありません。

最大の買いのチャンスは、株価が暴落したときです。日経平均が大きく下げたときは、信用取引で買っている人たちが耐えきれなくなって投げ売りをしています。そのときに買うのが一番です。

「原資を目減りさせずに株主優待を楽しむ」という本来の目的を達成するためにも、できるだけ安価なタイミングで買うことを意識しましょう。

図31 権利確定日カレンダー

例：31日（火）が権利確定日の銘柄の場合

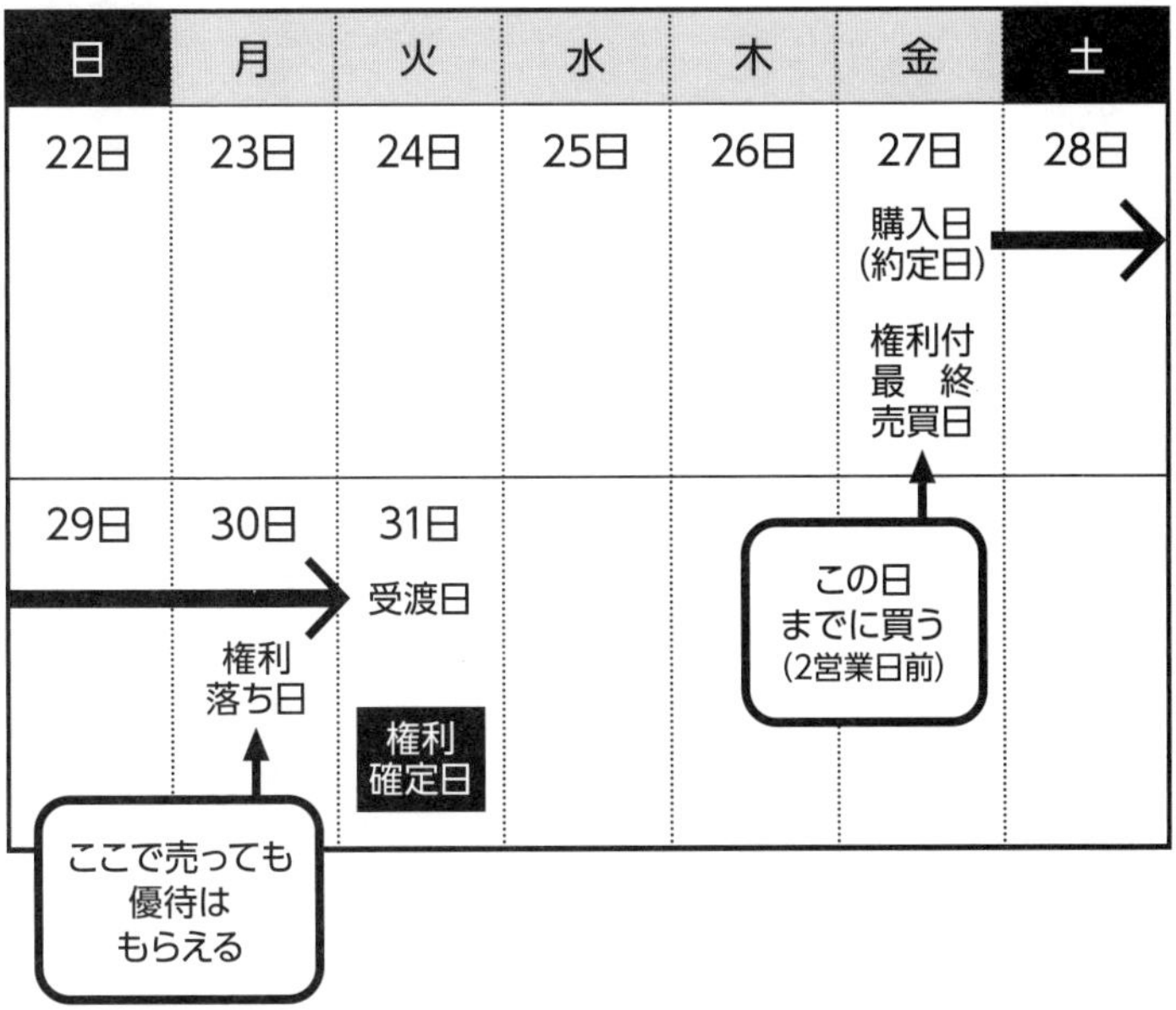

権利確定日の2～3カ月前が購入の目安

※上場企業の7割が3月を決算月としていますが、
　決算月は企業によってバラバラです
※企業によっては優待取得の条件として継続保有期間を
　定めているケースもあるため要注意

4 暴落はチャンス

私は色紙を頼まれると「優待生活」とともに「暴落はチャンス」と書くことがよくあります。前項でも述べたように、みんなが売っている安いときに買って、しっかり優待を受け取るのが賢い方法です。

ハピネット（7552）やワシントンホテル（4691）などは、今回のコロナ禍で、訪日客が減ったことなどで暴落しました。しかし、実際の経営力は暴落時の株価よりもずっと高いと私は考えています。ワシントンホテルは2019年に公募1310円。私は3月に800円、8月に507円で買いました。

こうした銘柄を、暴落時にゲットできれば、優待はもちろん、いずれ値上がりし配当も受けられれば非常にいい買い物をしたことになります。

また、優待内容がいまいちでも、買った株が、値上がりするケースがまれにあります。

　先にも挙げたリンクアンドモチベーション（104ページ参照）は、2016年に優待を発表しましたが、その内容は「1年目はなにももらえない」というものでした。しかし、長く持っているとどんどん優待内容がアップするということを知って、私はすぐに「買いだ」と判断しました。発表してすぐには株価は大きく動かず、優待を発表する前の株価170円が翌営業日の朝188円に上がっただけ。その段階で、私は買うことができました。その後じわじわと上がり、2018年には1484円まで上昇。いまは300円まで下げています。値上がり益を手にするか、長期保有優遇の優待をもらうべきかは、いつも悩むところです。

5　改悪は最悪

いい優待をつけていたから買ったのに、後から内容が改悪され、それにつれて株価まで下がってしまうというケースもあります。優待目的で買っている以上、株価が下がったことよりも、優待内容が悪くなったことに敏感であるべきです。

優待内容が悪くなるということは、すなわち、財産の目減りと同等。優待目的の投資家にとって、**改悪は最悪**です。だから、売られて株価も下がる、というわけです。

本や雑貨などのセレクトショップ・ヴィレッジヴァンガードはその一例です。ここは、2016年7月に優待内容の改悪をしました。1単元保有で1000円の買い物券を10枚発行するというところは変わりないのですが、かつてはそれを一度に全部使えたのが、「2000円の買い物ごとに1000円券を1枚使用可」という使用制限がついてしまったのです。

これだと、1000円券10枚すべて使いこなすには、現金で1万円分支払わなければなりません。よって、改悪を発表したとたんに、株価もどかんと暴落しました。

ほかにも、長野県にある電気計測器の専門メーカー・HIOKIは、1単元保有で信州のリンゴが3・5キロ送られてくるというユニークな優待内容で人気でした。しかし、2017年6月に廃止となりました。その分、配当金で還元する方針ということですが、優待目的の投資家にとっては、明らかな改悪でしょう。

私はこういった場合、悪い情報が出た時点で、株価が買値を上回っていれば売り、下回っていればそのまま塩漬け（売らずに持ち続けること）しています。

原資を目減りさせたくない人や資金にそれほど余裕があるわけではない人は、改悪になった場合は一度その銘柄を手放すことをおすすめします。そしてできた資金で、他の利回りのいい優待株に乗り換えるというのも手です。あるいは、資金に多少余裕がある人は、辛抱するのも一手。家電量販店のラオックスや「玄品ふぐ」の関門海、医療用漢方薬のツムラなどは一度優待を廃止し、復活させました。

こうした情報は、ネット証券のページでも見つけることができますし、優待株の記事を書いている人たちのブログなどをこまめに見ることでもいち早くつかめます。

6 損切りはしない

株式投資に「損切《そんぎ》り」は必須とされています。

損切りとは、株価が下がって損が出たときに、それ以上傷を深くしないために早く売って損失を確定することです。値上がり益狙いで株を買った人は、値下がりの損失を少しでも小さく抑えようと、損切りに走ります。

「このまま待っていれば、またいつか上がるかもしれない」となかなか損切りできない人は、あたかも決断力のないダメな人であるかのように一般には言われています。

しかし、私の考えは違います。

私の場合、もともと割安な株を買ったのですから、値下がりしたらなにもせず、そのまま塩漬けしておきます。値下がりしても優待は受け取れるのですから問題ありません。最近のデータでは、株式投資で利益を出している人の多くは、損切りをしていないとのことです。

長く保有していればまた上向くこともありますし、なにより、底値で手放してしまったら、その後は優待は受け取れず、ただ損しか残りません。

「一度買った株は、値上がりしたのでない限り売らない」

こうシンプルに決めておきましょう。

市場の値動きに一喜一憂していたのでは、デイトレーダーと変わりません。

くり返し何度も述べますが、私たちが株を買うのは優待目的です。優待を受け取ることにフォーカスして、株式投資を行ってください。そこを間違えることなく、悠々と人生を送っていきましょう。

7 売るかどうかは自分と相談して決めよう

株を「売る・売らない」の判断は、自分とよく相談してから決めましょう。単純に金銭の損得だけで判断するのではない、もう1つの基準が必要です。

私の場合、松竹《しょうちく》（映画の優待）の株はいくら高値になっても手放しません。優待券で映画を観ることが私の大事な趣味だからです。

以前、ソフトウェア開発のコアという企業の株を持っていました。優待の東京国立博物館の年間パスポートが魅力だったからです。ところがコアの株価が急騰し、すかさず売却。すると年間パスポートが届かなくなり、寂しい気持ちを味わいました。

値上がりした株を売って利益を得るのはいいことですが、売れば優待は受けられなくなります。株式投資を長く続けていると、いつの間にか感覚がマヒしてくることがあります。あなたがなにを大事にしているのか、ときには振り返ってみましょう。

8 売った値より高値で買い戻さない

私たちが株を買うのは、値上がり益狙いではありませんが、優待目的で手に入れた株が思いのほか値上がりしたら、売って利益を確定するのもやり方の1つです。

ただし、私なりに決めているルールがあります。**後日、一度売った株の価格が下がっていればすかさず買う**ことです。自分が売ったときよりもさらに値上がりすることもありますが、惜しんでもしかたありません。**売り値より高く買い戻すことはしない**ことです。

それをやっていると、いつの間にか値上がり益目的の売買に軸足がぶれていきます。そして、リスクを取るようになり、大損するということにもつながります。

私たちが目指しているのは、優待で楽しく余裕ある生活を送ることです。

値上がり益が取れても、それはあくまで「おまけ」なのです。

9 少額優待は「家族名義」で2倍、3倍になる

保有株数が増えるに比例して受け取れる優待も増えるわけではない。これが優待株の基本だと前述しました。例外はありますが、この基本に則《のっと》れば、**1人の保有株数は1単元（優待がもらえる最小単元）に留めておくのがベスト**です。多く保有するなら、家族で分割しましょう。

あるアパレル企業では、1単元保有で1000円分の買い物券を送ってくれます。2単元でも3単元になっても変わりません。だから、私は1単元しか持っていません。一方で、1000円券で買えるものは限られています。かといって現金を足すのはばからしい。そこで私は、妹など3人の親戚に1単元ずつ保有してもらっています。こうすると、私も含めた4人で4000円分の買い物券が集まります。

10 貸株はベテランになってから

最近、ネット証券を中心に**「貸株《かしかぶ》」**が流行っています。保有する株を証券会社に預けると、その間、金利が受け取れるというものです。証券会社は借りた株を使って、空《から》売《う》りをしたい人たちなどのために便宜を図っているのではないかと思います。

空売りとは、信用取引（170ページ参照）の手法の1つで、**投資家が証券会社から借りた株を売り、その後買い戻して差額を得る方法**です。

貸株の金利は、定期預金よりもずっといいため、私も一時期、貸株に助けられていました。貸株をしていても、権利確定日までに返してもらい、自分の名義になっていれば、基本的に優待は受け取れます。しかし、長期保有制度を設ける企業が増えてくるとそうもいきません。貸株をしていたことで株主名簿に名前がない期間があり、長期保有制度を設けた企業からの優待が受け取れない人も出てきています。

11　「優待タダ取り」はやらない

今、株取引で問題になっていることがあります。企業がハッピーにならない形で、株主が優待だけを取ろうとする**「優待タダ取り」**です。

基本的に優待と配当は、その権利確定日の大引《おおび》け（取引時間終了）の時点で株を持っている人に与えられます。そのため、権利確定日を過ぎると株を手放す人が続出し、その分だけ株価が下がります（２０４ページ参照）。ですから優待を手にした後、売ろうと思っても、そのときには株価が下がって利益を得られないことがあるのです。

そこで今、〝離れワザ〟を使い、ローリスクで優待を得ようとする人が出てきています。その離れワザこそ、優待タダ取り。権利確定日までに証券会社から株を借りて売る**「空売り」と「現物買い」（通常の株取引）の注文を同時に出すことで、売買手数料だけで優待を得ようとする方法**です。

わかりやすく、株価が100円の株を1単元、証券会社から借りたとしましょう。そして、それを売ります（空売り）。このとき手に入るお金は100円×100株＝1万円。その後、株価が90円まで下がったときに、売った株を買い戻します。すると、90円×100株＝9000円となり、借りたお金と、買い戻しにかかったお金の差額として1000円が発生します。株主はこの1000円を、自分のお金を使わずに入手できるわけです。さらにこの裏ワザを権利確定日に「買い（通常の株取引）」と「空売り」、同時に行うことで、数百円の売買手数料を払うだけで、優待を手に入れることができます。この優待タダ取りは、「資金はすごく少ないけれど自分も株主になってみたい」という思いを簡単に実現することができるのです。

ただし、株を「借りる」ということは、金利も発生しますし、返済期限もあります。その返済期限を守れなければ、「追証《おいしょう》」といって、追加で保証金（担保）が必要になることも。リーマン・ショックの時に、私はこの追証に、文字通り追いかけ回され死ぬ思いをしました。ですから、読者の方にもまったくおすすめしません。優待歴が長い人でも難しいこの取引を、株素人が始めるのは非常にリスキーです。

ちゃんと企業を応援し、そのお返しとして優待を受け取りませんか？

12 使用期限までに使ってはじめて優待生活

優待はきちんと使い切るか、金券ショップなどで換金することが必須です。優待も含めて利回り計算しているのに、ムダにしてしまっては元も子もありません。

また、優待は使用期限内に使うことも大事です。人間の心理とは面白いもので、優待券を受け取ると、それを大切にしまい込んでなかなか使えない人がいます。「使うのに最適の状況まで待とう」と考えるのかもしれません。

しかし、そうこうしているうちに、すぐに使用期限が迫ってきます。

「〇〇の食事券、本当はAちゃんと使いたかったけれど、今週は空いてないって言われちゃった。でも、使用期限が迫っているからBちゃんを誘うか」

これでは、せっかくの価値も半減。受け取ったそばからAちゃんに声をかけ、使ってしまうのが最も賢いやり方です。

おわりに

プロの棋士として活動していた頃の私は、常に「勝たねばならない」というプレッシャーに苛《さいな》まれていました。

さらに株にも手を出し、危険な信用取引で大損して大変なストレスにさらされました。「はじめに」でも少し触れましたが、とくにリーマン・ショック後の私は、「よく生きていたな」という表現がふさわしい状態でした。

そんな私の今があるのは、多くの人たちの助けがあったからです。

父や妹は、私のために、年金や、堅実に積み立ててきた老後資産から追証のためのお金を出してくれました。人気女流棋士だった方の言葉にも助けられました。彼女は、私が棋士として成績が伸び悩んでいたことも、株で大損したことも知ったうえで、いつも温かく励ましてくれました。

ほかにも、本当にたくさんの人たちが私を支えてくれました。

そして、実は株を買っていた企業もその一員だったのです。

損をしていた真っただ中は、株価が暴落した企業の名前など聞くのも嫌でした。でも、考えてみれば彼らも被害者。経営が大変ななかから、いろいろ優待品を送ってくれた企業もあり、私はそのおかげでなんとか生活することができました。

私は信用取引でたくさんのお金を失いましたが、引き換えに、人のありがたみを感じることができる人間になれたと思っています。

今は危険な取引からは一切、身を引き、優待株を中心に投資を続けています。

「それほど大変な目に遭ったのに、まだ株をやるのか」と言われることもありますが、投資自体をやめるつもりはありません。

本書で何度もふれてきましたが、優待株投資は安心・安全。そして、楽しく生き生きとした毎日を送るきっかけを与えてくれます。

それに何より、日本企業の株を購入することは、すなわち日本経済への貢献そのものです。小さいながらも、私の存在意義が確認できる瞬間がここにあります。

そういう優待株投資を私自身が続け、みなさんに紹介していくことが、これまで私を助けてくれた人たち、および社会への恩返しであると私は思っています。

本書を読んで、みなさんが私と同様に優待生活を満喫し、老後の不安を払拭してくれたなら、それほど嬉しいことはありません。

私は体の動く限り、日本全国をセミナーなどで回って、優待生活についてお話をしていくつもりです。もし、お近くを訪ねたときには、ぜひ会いに来てください。

桐谷広人

最後に桐谷さんの金言を！
「買い時は、安くなった時。
安くなった時とは利回りが上がった時、
株価が下がったり、優待拡充した時」

社名（コード）	配当利回り(%)	優待利回り(%)	優待の最低取得額(円)	優待内容
クロスプラス（3320）	1.7	4.26	70400	3000円の品か3000円クーポン（ネットで購入）。総会での抽選で10人に30万円旅行券。
早稲田アカデミー（4718）	2.03	6.1	98300	3月1000円クオ、9月5000円券で高利なのに3年で優待が倍に。19年2月に2分割して新100株が同じ優待に。実質2倍。
進学会（9760）	3.35	8.93	44800	超高利。1000円クオに3000円の学習塾か札幌のスポーツクラブの売店で使える券。
ダイキョーニシカワ（4246）	5.35	0.89	56100	607円で高配当のうえ500円クオ。3年以上で1000円クオに。
ヴィレッジヴァンガード（2769）	0	9.61	104100	私が初めて夜ふかしに出た時に紹介、いい優待と知られるように。数年前に改悪され下落したが今も人気。
菱電商事（8084）	3.73	1.33	150000	今1551円、配当56円、優待3月2000円クオ、3年以上で3000円クオもいい。
クオールホールディングス（3034）	2.38	2.55	117800	2020年2月に優待拡充。（権利確定月は3月）青汁から3000円のカタログギフトにし、1年以上で5000円の長期優遇をつけた。
トリドールホールディングス（3397）	0.44	4.2	143000	今1430円、配当は6，25円と低いが、優待を3回くらい改良。3月9月に100円券30枚もらえます。総合利回り4.63%。
穴吹興産（8928）	3.53	1.93	155700	3000円相当の自社関連商品からの選択。讃岐うどんや一夜干しセットなど、どれもおいしいと評判。
KDDI（9433）	4.45	1.11	269400	3000円の食品カタログギフト。5年以上の長期保有で5000円にアップ。
めぶきフィナンシャルグループ（7167）	4.82	1.10	228000	高配当。2500円のカタログギフト。その内容がとてもよい。

巻末付録 見逃すな!今買うべき20銘柄、教えます!

お得な株主優待はまだあります!

本文チェックがすべて終わった10月上旬に、桐谷さんからおススメ銘柄の追加リストが届きました。「いい優待を読者に買っていただきたい」という思いから、本文に入りきれなかった銘柄を選んでくださったものです。株主優待生活の参考にしてください。

(2020年10月9日 編集部)

社名(コード)	配当利回り(%)	優待利回り(%)	優待の最低取得額(円)	優待内容
ヤマダコーポレーション(9831)	1.89(予想)	5.68	52800	500円券6枚だが、日用品にも使え、使い勝手がよく利回りも高く人気。
大和証券GH(8601)	4.84(予想)	0.92	434100	配当が高利回り。1000株で2000円の食品カタログ2回。
日本管財(9728)	2.45	1.96	204300	年2回2000円のカタログが人気。3年以上で3000円にアップが嬉しい。
ヤーマン(6630)	0.26	3.55	141000	美顔器や化粧品の会社。一時500円割れ。株高で5000円カタログは4%なくなったが、2年以上で1万円になるので高利回り。
ラックランド(9612)	1.08	5.96	231500	年4回の優待はいい。2回はただで貰え、2回は少し負担するけど。負担する回は、人の名義のも合わせるとただになる。
VTホールディングス(7593)	5.03	100.5	39800	1000株保有すること。100株は割引券だけでつまらない。1000株で5000円カタログなので。
DDホールディングス(3073)	1.16(予想)	7.74	77500	1000円券6枚の優待は高利回り。
関門海(3372)	0	12.08	33100	100株1000円券2回から2000円券2回に拡充。しかし複数使用できないので、300株4000円が使い勝手がいい。
平和(6412)	0	1.17	341600	8月21日に100株ごとゴルフ割引3500円券2枚年2回を、1000円券1枚年2回に改悪したけど、配当の回復を見込んで買いたい。

桐谷《きりたに》さんの株主優待《かぶぬしゆうたい》のススメ

令和２年11月10日　初版第１刷発行
令和４年10月５日　　　第５刷発行

著　者　桐《きり》 谷《たに》 広《ひろ》 人《と》

発行者　辻　浩　明

発行所　祥《しよう》 伝《でん》 社《しや》

〒101-8701
東京都千代田区神田神保町3-3
☎03(3265)2081(販売部)
☎03(3265)1084(編集部)
☎03(3265)3622(業務部)

印　刷　萩原印刷

製　本　積信堂

ISBN978-4-396-61745-5 C0095 Printed in Japan
祥伝社のホームページ・www.shodensha.co.jp